1주차

회차	영역	학습내용	학습계획일	맞은 문제수
01 회	속담	**하늘이 무너져도 솟아날 구멍이 있다** 갑자기 하늘이 무너져 머리 위로 떨어지고 있다면, 당장 무엇을 해야 할지 알 수 없을 것입니다. **'하늘이 무너져도 솟아날 구멍이 있다'**는 말은 하늘이 무너지는 것처럼 **'어려운 처지에 있더라도, 어떻게든 살아 나갈 방법이 있다'**는 것을 뜻하는 속담입니다.	월 □ 일 □	독해 6문제 중 □ 개 맞춤법·받아쓰기 9문제 중 □ 개
02 회	관용어	**발목을 잡다** 앞으로 나아가고 싶어도 누군가 발목을 잡으면 그 자리에서 움직일 수 없습니다. 이처럼 **발목을 잡다**라는 관용어는 **'어떤 일에 꽉 잡혀 벗어나지 못하게 하다'**라는 뜻입니다.	월 □ 일 □	독해 6문제 중 □ 개 맞춤법·받아쓰기 9문제 중 □ 개
03 회	사자성어	**대동소이(大同小異)** '대동소이(大同小異)'는 '크다'를 뜻하는 한자 대(大), '같다'를 뜻하는 한자 동(同), '작다'를 뜻하는 한자 소(小), '다르다'를 뜻하는 한자 이(異)가 합쳐진 사자성어입니다. 즉, **'대부분 같고 조금 다르다'**는 의미입니다.	월 □ 일 □	독해 6문제 중 □ 개 맞춤법·받아쓰기 9문제 중 □ 개
04 회	속담	**닭 잡아먹고 오리 발 내민다** 자신이 한 일에 대해 사실대로 말하지 않고 시치미를 떼는 사람이 있습니다. 그런 광경을 보고 **'닭 잡아먹고 오리 발 내민다'**고 합니다. 즉, **'자신이 한 일을 사실대로 말하지 않고 꾀를 부려 넘어가려는 상황'**을 뜻합니다.	월 □ 일 □	독해 6문제 중 □ 개 맞춤법·받아쓰기 9문제 중 □ 개
05 회	관용어	**쪽박을 차다** 옛날 거지들은 쪽박이라는 바가지를 차고 밥을 구걸했다고 합니다. 따라서 **'쪽박을 차다'**라는 말은 **'가진 것 없는 거지가 되었다'**는 의미입니다.	월 □ 일 □	독해 6문제 중 □ 개 맞춤법·받아쓰기 9문제 중 □ 개

속담

01회 하늘이 무너져도 솟아날 구멍이 있다*

갑자기 하늘이 무너져 머리 위로 떨어지고 있다면, 당장 무엇을 해야 할지 알 수 없을 것입니다.
'하늘이 무너져도 솟아날 구멍이 있다'는 말은 하늘이 무너지는 것처럼 '어려운 처지에 있더라도,
어떻게든 살아 나갈 방법이 있다'는 것을 뜻하는 속담입니다.

공부한 날 　월　 　일　 시작 시간 　시　 　분

>>> QR코드를 찍으면
지문 읽기를 들을 수 있어요.

2단계 01회 본문

어느 날 개구리 삼 형제는 어디선가 **풍겨 오는**① 고소한 냄새를 맡았습니다.

"이 고소한 냄새는 뭘까? 냄새가 나는 곳으로 가 보자."

첫째의 말에 따라 형제들은 냄새를 따라갔습니다. 폴짝폴짝 뛰어갔더니, 그곳에는 우유가 담긴 큰 항아리가 있었습니다. 개구리 삼 형제는 신이 났습니다.

"이렇게 큰 항아리에 우유가 담겨 있네. 고소한 우유를 **실컷**② 먹을 수 있겠다."

개구리 삼 형제는 항아리 속으로 퐁당 뛰어들어 갔습니다. 개구리들은 우유를 실컷 마셨습니다. 배가 부른 개구리들은 이제 밖으로 나가려고 했습니다.

그런데 항아리 안쪽이 아주 미끄러운 데다가 우유 속에서 뛰려니 높이 뛰어지지 않았습니다. 한참을 **허우적대던**③ 개구리들은 힘이 빠져 항아리 속을 둥둥 떠다니기만 했습니다. 그때 둘째 개구리가 말했습니다.

"다들 조금만 더 힘을 내자. **하늘이 무너져도 솟아날 구멍이 있다**고 했어.* 우리가 아무리 어려운 **처지**④에 있어도, 여기서 나갈 **방법**⑤이 반드시 있을 거야."

그 말을 들은 형제들은 다시 한번 힘을 냈습니다. 개구리 삼 형제는 항아리 안에서 온 힘을 다해 폴짝폴짝 뛰었습니다. 시간이 흐르자 막내의 발에 무언가 걸렸습니다. 막내는 첫째와 둘째를 향해 외쳤습니다.

"이 딱딱한 건……. 버터다! 우유가 버터가 되었어!"

개구리 삼 형제가 온 힘을 다해 우유를 **휘젓고**⑥ 다니던 사이에 우유가 버터로 변한 것입니다. 개구리 삼 형제는 딱딱한 버터를 밟고 뛰어 항아리 밖으로 나올 수 있었습니다.

– 이솝 우화

1 개구리 삼 형제가 맡은 고소한 냄새는 무슨 냄새였는지 골라 보세요.

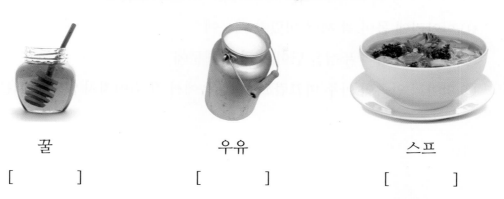

꿀

[   ]

우유

[   ]

스프

[   ]

2 이 이야기에서 개구리 삼 형제가 각각 한 말을 알맞게 선으로 이어 보세요.

첫째 개구리 •

둘째 개구리 •

셋째 개구리 •

• "버터다! 우유가 버터가 되었어!"

• "다들 조금만 더 힘을 내자. 하늘이
무너져도 솟아날 구멍이 있다고 했어."

• "이 고소한 냄새는 뭘까?
냄새가 나는 곳으로 가 보자."

3 다음 중 이 이야기를 읽고 느낀 점으로 가장 알맞은 것을 골라 보세요. ·············· [   ]

① 하늘이 무너지면 항아리로 숨어야 해.

② 개구리 삼 형제는 항아리에서 놀기를 좋아하는구나.

③ 어려운 처지에 있더라도, 절대로 포기하지 말아야지.

어려운 낱말 풀이 | ① **풍겨** 오는 냄새가 나는 ② **실컷** 마음에 하고 싶은 대로 한껏 ③ **허우적대던** 손발 따위를 자꾸
이리저리 마구 내두르던 ④ **처지** 처하여 있는 사정이나 형편 處곳 처 地땅 지
⑤ **방법** 어떤 일을 해 나가는 수단이나 방식 方모 방 法법 법 ⑥ **휘젓고** 이리저리 심하게 흔들어 젓고

4 이 이야기에서 개구리들이 항아리에서 빠져나오지 <u>못한</u> 까닭을 골라 보세요. … [   ]

① 항아리에 몸이 꽉 끼어 버렸기 때문에

② 누군가 항아리 뚜껑을 닫아 버렸기 때문에

③ 항아리 안쪽이 아주 미끄럽고, 우유 속에서 잘 뛰어지지 않았기 때문에

5 다음은 '하늘이 무너져도 솟아날 구멍이 있다'의 뜻입니다. [보기]를 보고 빈칸에 알맞은 낱말을 채워 보세요.

[보 기]	방법	처지

'하늘이 무너져도 솟아날 구멍이 있다'는 속담은 아무리 어려운 □□ 에

있더라도, 어떻게든 살아 나갈 □□ 이 있다는 뜻입니다.

6 개구리들이 항아리에서 빠져나가지 못하는 것은 '하늘이 무너져도 솟아날 구멍은 있다'라는 속담에서 '하늘이 무너진' 상황이라 할 수 있습니다. 그렇다면 개구리들이 찾아낸 '솟아날 구멍'은 무엇인지 골라 ○표를 해 보세요.

온 힘을 다해 휘저은 덕에 우유가 버터가 되어 빠져나갈 발판이 생긴 것	항아리의 뚜껑이 열리며 구멍이 생긴 것
[ ]	[ ]

01회 맞춤법·받아쓰기

해설편 0001쪽

1단계 다음 뜻에 알맞은 낱말을 골라 빈칸에 옮겨 써 보세요.

[1] 냄새가 나다.

    ① 담기다.   ② 풍기다.

    ☐☐☐.

[2] 처하여 있는 사정이나 형편

    ① 방법   ② 처지

    ☐☐

[3] 여러 형제 가운데 마지막으로 난 사람

    ① 막내   ② 첫째

    ☐☐

2단계 불러 주는 말을 잘 듣고 빈칸을 알맞게 채워 보세요.

2단계 01회 받아쓰기2
QR코드를 찍으면
받아쓰기 음성이
나옵니다.

[1] ☐☐ 먹을 수 있겠다!

[2] 한참을 ☐☐☐ 대다.

[3] ☐☐☐ 구멍이 있다.

3단계 불러 주는 말을 잘 듣고 띄어쓰기에 유의하여 받아 써 보세요.

2단계 01회 받아쓰기
QR코드를 찍으면
받아쓰기 음성이
나옵니다.

[1] | 고 | 소 | 한 | V | | | | | | | | | | | | | | |

[2] | | | 가 | V | | | 가 | V | | | | | | ! | |

[3] | | | | V | | | | V | | | | | | | |

시간 🕐 끝난 시간 ☐ 시 ☐ 분

1회분 푸는 데 걸린 시간 ☐ 분

채점 ⭐ 독해 6문제 중 ☐ 개

맞춤법·받아쓰기 9문제 중 ☐ 개

발목을 잡다*

앞으로 나아가고 싶어도 누군가 발목을 잡으면 그 자리에서 움직일 수 없습니다. 이처럼 '발목을 잡다'라는 관용어는 '어떤 일에 꽉 잡혀 벗어나지 못하게 하다'라는 뜻입니다.

공부한 날 ☐ 월 ☐ 일 시작 시간 ☐ 시 ☐ 분

>>> QR코드를 찍으면
지문 읽기를 들을 수 있어요.

2단계 02회 본문

옛날에 한 젊은이가 살았습니다. 어느 날 그 젊은이는 부모님께서 **편찮으시다**는 ①
얘기를 들었습니다. 그래서 부모님이 **계신** 고향에 가기로 했습니다. 그러자 ②
젊은이의 지혜로운 부인이 하얀 **호리병**, 파란 호리병, 빨간 호리병을 꺼내 ③
주었습니다.

"요즘 여우 **요괴**가 자주 나타난대요. 위험할 땐 이 호리병들을 던지세요." ④

젊은이가 고향에 거의 **다다랐을** 때 정말 여우 요괴가 나타났습니다. 여우 요괴는 ⑤
빠르게 젊은이에게 달려들었습니다. 젊은이는 부인이 준 하얀 호리병을
던졌습니다. 그러자 호리병에서 **가시덤불**이 튀어나와 길을 막고 여우 요괴의 ⑥
발목을 잡았습니다.

그러나 여우 요괴는 얼른 가시덤불에서 빠져나왔고 다시 젊은이를 향해
달려들었습니다. 젊은이는 이번에는 파란 호리병을 던졌습니다. 그러자 파란
호리병에서 물이 콸콸 나오며 여우를 물에 빠트렸습니다. 물바다에 **발목 잡힌**
여우를 본 젊은이는 마음을 놓았습니다.

그러나 여우 요괴는 **끈질기게도** 물에서 빠져나왔습니다. 젊은이는 마지막 빨간 ⑦
호리병을 던졌습니다. 그러자 그곳은 불바다가 되었습니다. 활활 타는 불에 놀란
여우는 도망가 버렸습니다.

여우가 도망치는 모습을
본 젊은이는 **무사히** 고향에 ⑧
도착할 수 있었습니다.
그리고 그 여우 요괴는
평생 나타나지 않았다고 ⑨
합니다.

– 우리나라 전래 동화

1 청년은 왜 고향에 가기로 했는지 빈칸을 채워 보세요.

☐ ☐ ☐ 께서 편찮으시다는 얘기를 들어서 고향에 가기로 했습니다.

2 각각의 호리병에서 나온 것은 무엇이었는지 알맞게 선으로 이어 보세요.

 ·

 ·

 ·

·

·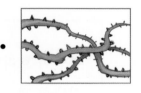

·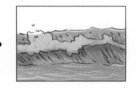

3 밑줄 친 말을 높임말로 고쳐 써 보세요.

[1] 청년은 부모님이 **아프시다는** 말을 들었습니다.

 ➡ ☐ㅍ☐ ☐ㅊ☐ ☐ㅇ☐ 시다는

[2] 부모님이 **있는** 고향에 가기로 했습니다.

➡ ☐ㅖ☐ ☐신☐

어려운 낱말 풀이

① **편찮으시다** '아프다'의 높임말   ② **계신** '있는'의 높임말
③ **호리병** 옛날에 물이나 술, 약을 담아 다니던 병. 병의 가운데 부분이 잘록하게 들어가 있다.
④ **요괴** 이상한 힘으로 사람을 해치는 귀신 妖이상할 요 怪도깨비 괴
⑤ **다다랐을** 어떤 곳에 이르렀을   ⑥ **가시덤불** 가시가 어지럽게 헝클어져 있는 수풀
⑦ **끈질기게도** 몹시 끈덕지고 질기게도   ⑧ **무사히** 아무런 탈이 없이 無없을 무 事일 사 -
⑨ **평생** 살아있는 동안 平평평할 평 生날 생

호리병

4 이 이야기에 나오는 '발목을 잡다'의 뜻으로 알맞은 것을 골라 보세요. ────────── [   ]

① 남을 도와주는 것

② 붙잡아 방해하는 것

③ 간절하게 부탁하는 것

5 이 이야기에서 '발목을 잡다'라는 말을 쓸 수 있는 부분은 어디인지 골라 ○표를 해 보세요.

부인이 호리병을 건네줄 때	젊은이가 무사히 고향에 도착했을 때	호리병에서 가시덤불이 나와 여우 요괴를 붙잡을 때
[ ]	[ ]	[ ]

6 빈칸에 들어갈 흉내 내는 말을 [보기]에서 찾아 써 보세요.

[보 기]   콸콸   활활

불이 [ ][ ] 타오릅니다.   물이 [ ][ ] 쏟아집니다.

02회 맞춤법·받아쓰기

해설편 0001쪽

1단계

다음 뜻에 알맞은 낱말을 골라 빈칸에 옮겨 써 보세요.

[1] 살아 있는 동안

　　① 요즘　　　② 평생

[2] 자기가 태어나서 자란 곳

　　① 덤불　　　② 고향

[3] 몹시 끈덕지고 질기다.

　　① 끈질기다.　　② 달려들다.

2단계

2단계 02회 받아쓰기2

QR코드를 찍으면 받아쓰기 음성이 나옵니다.

불러 주는 말을 잘 듣고 빈칸을 알맞게 채워 보세요.

[1] ☐☐☐☐ 부인

[2] 물에 ☐☐☐☐.

[3] ☐☐☐ 도착했다.

3단계

2단계 02회 받아쓰기

QR코드를 찍으면 받아쓰기 음성이 나옵니다.

불러 주는 말을 잘 듣고 띄어쓰기에 유의하여 받아 써 보세요.

[1] | 편 | 찮 | 으 | 신 | ∨ | | | | | | | | | |

[2] | | | | | 의 | ∨ | | | | | | | | |

[3] | | | | ∨ | | | ∨ | | | | | | | |

시간 　끝난 시간 ☐시 ☐분　　1회분 푸는 데 걸린 시간 ☐분

채점 　**독해** 6문제 중 ☐개　　**맞춤법·받아쓰기** 9문제 중 ☐개

대동소이(大 同 小 異)*
클 대　같을 동　작을 소　다를 이

'대동소이(大同小異)'는 '크다'를 뜻하는 한자 대(大), '같다'를 뜻하는 한자 동(同), '작다'를 뜻하는 한자 소(小), '다르다'를 뜻하는 한자 이(異)가 합쳐진 사자성어입니다. 즉, '대부분 같고 조금 다르다'는 의미입니다.

공부한 날 [　] 월 [　] 일　시작 시간 [　] 시 [　] 분

>>> QR코드를 찍으면 지문 읽기를 들을 수 있어요.

2단계 03회 본문

　숲속을 **거닐던**① 곰은 어디선가 **풍겨 오는**② 고기 냄새를 따라갔습니다. 고기가 있는 곳에 다다르니 사자가 고기를 먹으려 하고 있었습니다. 곰은 얼른 움직여 사자를 밀쳐 내고 고기를 집어 들었습니다. 그러자 화가 난 사자가 말했습니다.

　"욕심 많은 곰 같으니, 내가 너보다 먼저 고기를 봤으니 고기는 내 것이야."

　"내가 먼저 고기를 집어 들었으니 당연히 내 것이지."

　곰과 사자는 말다툼을 벌이다 끝내 몸을 뒹굴며 싸우기 시작했습니다. 곰과 사자의 힘은 **대동소이***했기에 싸움은 **쉽사리**③ 끝나지 않았습니다. 아침부터 저녁까지 계속된 싸움 끝에 결국엔 둘 다 지쳐 쓰러지고 말았습니다.

　이때 **평화로이**④ 숲속을 거닐던 여우가 고기 냄새를 맡고 나타났습니다. 여우는 곰과 사자가 지쳐 움직이지 못하는 것을 보았습니다. 그리고 그 가운데에 먹음직스러운 고기가 있는 것도 보았습니다.

　"멍청한 두 녀석 덕분에 오늘 저녁은 고기를 먹을 수 있겠어."

　여우는 고기를 얼른 물어 저 멀리 달아나 버렸습니다.

　뒤늦게 고기가 사라졌다는 걸 눈치챈 곰과 사자는 똑같이 **한탄**⑤했습니다.

　"서로 욕심을 부리다가 엉뚱한 녀석이 고기를 가져가 버렸네. 이럴 줄 알았으면 사이좋게 나눠 갖는 건데."

　– 이솝 우화

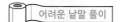 어려운 낱말 풀이 ┃ ① **거닐던** 걸어가던　② **풍겨 오는** 냄새가 나는　③ **쉽사리** 쉽게　④ **평화로이** 평온하고 화목한 듯하게 平평평할 평 和화할 화 -　⑤ **한탄** 자신의 처지를 불쌍히 여기면서 한숨을 쉼 恨한 한 歎탄식할 탄

1 이 이야기의 내용으로 알맞은 것에 ○표, 알맞지 않은 것에 ×표를 해 보세요.

[1] 곰은 고기 냄새를 맡고 고기를 찾았다. ──────────────── [   ]

[2] 곰과 사자는 서로 고기를 양보했다. ──────────────── [   ]

[3] 여우는 곰과 사자를 말리려 애썼다. ──────────────── [   ]

2 이야기의 내용에 맞게 설명과 그림을 각각 선으로 이어 보세요.

이야기가 벌어지는
장소
•

•

사자와 곰이 싸우게
된 까닭
•

•

결국에 고기를 가져간
동물
•

•

3 곰과 사자의 싸움이 아침부터 저녁까지 끝나지 않은 까닭을 골라 ○표를 해 보세요.

곰과 사자의 힘이 차이가 별로 없고 거의 같았기 때문에	곰이 사자의 힘이 약한 것을 알고 봐주었기 때문에

[   ]   [   ]

4 '대동소이'라는 말은 어떤 뜻인지 골라 보세요. ──────────────── [   ]

① 작은 차이가 있으나 거의 같다는 말이다.

② 지나치게 큰 차이가 있다는 말이다.

③ 어느 한쪽으로 크게 기울어져 있다는 말이다.

5 다음 대화를 읽고 셋 중 '대동소이'라는 사자성어를 올바르게 사용하고 있는 친구의 이름을 써 보세요.

> 소미: 우리 오빠는 나보다 키가 훨씬 크다니까. 나란히 서면 키 차이가 정말 **대동소이**해.
>
> 다은: 그런데 저 원피스 정말 화려하지 않니? 저 옷과 **대동소이**한 내 옷은 아무 무늬도 없이 단순한데 말이야.
>
> 민희: 우리 언니랑 나는 달리기 실력이 **대동소이**해서 쉽게 승부가 나지 않아.

➡ ☐ ☐

6 다음 빈칸에 공통으로 들어갈 수 있는 낱말은 무엇인지 골라 보세요. ───────────── [   ]

> • 차이가 ☐ ☐ .
>
> • 상처가 ☐ ☐ .
>
> • 옷에 구멍이 ☐ ☐ .

① 가다   ② 나다   ③ 하다

03회 맞춤법·받아쓰기

해설편 002쪽

1단계

다음 뜻에 알맞은 낱말을 골라 빈칸에 옮겨 써 보세요.

[1] 누워서 이리저리 구르다.
　　① 밀치다.　　② 뒹굴다.

[2] 자신의 처지를 불쌍히 여기면서 한숨을 쉼
　　① 한탄　　② 욕심

[3] 코로 맡을 수 있는 온갖 기운
　　① 냄새　　② 눈치

2단계

2단계 03회 받아쓰기2

QR코드를 찍으면 받아쓰기 음성이 나옵니다.

불러 주는 말을 잘 듣고 빈칸을 알맞게 채워 보세요.

[1] 고기를 □□ 들었다.

[2] □□□ 눈치를 챘다.

[3] 냄새를 □□.

3단계

2단계 03회 받아쓰기

QR코드를 찍으면 받아쓰기 음성이 나옵니다.

불러 주는 말을 잘 듣고 띄어쓰기에 유의하여 받아 써 보세요.

[1] | 대 | 동 | 소 | 이 | 한 | ∨ | | | ∨ | | | | | |
|---|---|---|---|---|---|---|---|---|---|---|---|---|---|

[2] | | 리 | ∨ | | | 지 | ∨ | | 는 | ∨ | | | | |
|---|---|---|---|---|---|---|---|---|---|---|---|---|---|

[3] | | | | ∨ | | | ∨ | | | | . | | | |
|---|---|---|---|---|---|---|---|---|---|---|---|---|---|

시간　끝난 시간 □시 □분　　1회분 푸는 데 걸린 시간 □분

채점　독해 6문제 중 □개　　맞춤법·받아쓰기 9문제 중 □개

닭 잡아먹고 오리 발 내민다*

자신이 한 일에 대해 사실대로 말하지 않고 시치미를 떼는 사람이 있습니다. 그런 광경을 보고 '닭 잡아먹고 오리 발 내민다'고 한답니다. 즉, '자신이 한 일을 사실대로 말하지 않고 꾀를 부려 넘어가려는 상황'을 뜻합니다.

공부한 날 [ ]월 [ ]일 시작 시간 [ ]시 [ ]분

>>> QR코드를 찍으면
지문 읽기를 들을 수 있어요.

2단계 04회 본문

어느 날부터 마당에 있던 닭이 한 마리씩 사라지기 시작했습니다. 주인은 매일 밤 닭장 앞을 지켰지만, 깜빡 잠이 든 사이에 또다시 닭이 사라지고 말았습니다.

"분명 못된 여우의 짓이 틀림없어!"

주인은 꾀를 내었습니다. 닭의 **볏**① 모양 모자를 쓰고 닭으로 변장하여 닭장 안에 숨어 있기로 했습니다.

그날 밤, 여우가 닭장으로 찾아와 닭장 문을 **살며시**② 열었습니다. 여우는 닭으로 **변장**③한 주인의 손을 **덥석**④ 물었습니다.

"잡았다, 요 녀석! 네가 그동안 닭을 잡아먹었지?"

여우는 깜짝 놀라 도망가려 했지만, 주인의 손에 붙잡혀 꼼짝할 수가 없었습니다. 여우는 주인에게 들킬 때를 대비해 미리 준비해 둔 오리 발을 내밀며 말했습니다.

"저는 닭을 잡아먹지 않았어요. 정말이에요! 자, 보세요. 이건 오리 발이잖아요."

"여우야, 거짓말하지 마렴. 너희 여우들이 **닭 잡아먹고 오리 발 내민다***는 사실을 내가 모를 것 같니?"

여우는 그제야 자신이 닭을 잡아먹었다는 사실을 **고백**⑤하고 용서를 **구했습니다**⑥. 그 후로 여우는 미안한 마음이 들어 더 이상 닭을 훔치지 않고 착하게 살았습니다.

– 우리나라 전래 동화

1 주인은 왜 닭장 안에 숨어 있었는지 골라 보세요. ──────────────── [　　　]

① 오리 발을 찾기 위해서

② 닭장을 고치기 위해서

③ 매일 밤 닭이 사라지는 이유를 찾기 위해서

2 다음 여우의 말을 이야기의 내용에 알맞게 채워 보세요.

저는 닭을 잡아먹지 않았어요.
정말이에요! 자, 보세요.
이건 ☐☐☐ 이잖아요.

3 빈칸에 들어갈 알맞은 말을 [보기]에서 찾아 써 보세요.

[보기]	덥석	깜빡

• 여우는 닭으로 변장한 주인의 손을 ☐☐ 물었습니다.

• ☐☐ 잠이 든 사이에 닭이 사라지고 말았던 것입니다.

어려운 낱말 풀이 ① **볏** 닭이나 새 따위의 이마 위에 세로로 붙은 살 조각　② **살며시** 조심스럽게 살짝
③ **변장** 본래의 모습을 알아볼 수 없게 하기 위하여 옷차림이나 얼굴, 머리 모양 따위를 다르게
바꿈 變변할 변 裝꾸밀 장　④ **덥석** 왈칵 달려들어 물거나 움켜잡는 모양
⑤ **고백** 사실대로 말함 告알릴 고 白흰 백　⑥ **구했습니다** 부탁했습니다

4 여우가 오리 발을 내밀자 주인이 여우를 혼낸 까닭은 무엇일지 골라 보세요. ····· [　　　　]

① 자신의 잘못을 솔직하게 인정하고 용서를 구했기 때문입니다.

② 옳지 못한 일을 저질러 놓고 꾀를 부려 넘기려 했기 때문입니다.

5 '닭 잡아먹고 오리 발 내민다'는 말과 어울리는 상황을 골라 ○표를 해 보세요.

친구에게 잘못을 저지르고 다른 친구가 그랬다며 모른 척하는 경수	선생님이 내주신 숙제를 열심히 하는 민주

[　　　　]　　　　　　　　　　　　　　　　[　　　　]

6 [보기]의 설명을 참고하여 닭의 볏이 어느 부분인지 그림에 ○표를 해 보세요.

[보 기]　**볏**: 닭이나 꿩 따위의 머리에 세로로 붙은 톱니 모양의 붉은 살

04회 맞춤법·받아쓰기

1단계

다음 뜻에 알맞은 낱말을 골라 빈칸에 옮겨 써 보세요.

[1] 닭의 이마 위에 세로로 붙은 살 조각

　① 볏　　　② 꾀

[2] 하루하루마다

　① 미리　　② 매일

[3] 사실대로 말함

　① 고백　　② 변장

2단계

불러 주는 말을 잘 듣고 빈칸을 알맞게 채워 보세요.

2단계 04회 받아쓰기2
QR코드를 찍으면 받아쓰기 음성이 나옵니다.

[1] ☐☐ 들었다.

[2] 손을 ☐☐ 물었다.

[3] ☐☐☐ 잘못을 고백했다.

3단계

불러 주는 말을 잘 듣고 띄어쓰기에 유의하여 받아 써 보세요.

2단계 04회 받아쓰기
QR코드를 찍으면 받아쓰기 음성이 나옵니다.

[1] 붙 잡 힌 ∨

[2] 닭 ∨ 속 ∨ 닭

[3] 　　　∨　　　　　　．

시간 🕐 끝난 시간 ☐ 시 ☐ 분　1회분 푸는 데 걸린 시간 ☐ 분

채점 📄 독해 6문제 중 ☐ 개　맞춤법·받아쓰기 9문제 중 ☐ 개

옛날 거지들은 쪽박이라는 바가지를 차고 밥을 구걸했다고 합니다. 따라서 '쪽박을 차다'라는 말은 '가진 것 없는 거지가 되었다'는 의미입니다.

공부한 날 ☐월 ☐일 시작 시간 ☐시 ☐분

>>> QR코드를 찍으면
지문 읽기를 들을 수 있어요.

2단계 05회 본문

옛날에 다른 집에서 일을 하는 대신 그 집에서 먹고 자는 일꾼 둘이 있었습니다. 한 일꾼은 열심히 일했지만 다른 일꾼은 꾀를 부리며 게으르게 일했습니다. 어느덧 세월이 흘러 일꾼들이 집으로 돌아갈 날이 다가왔습니다. 일꾼들이 떠나기로 한 전날 밤, 일꾼들에게 일을 시키던 사람이 말했습니다.

"돌아가기 전에 마지막으로 해 줄 일이 있네. 가늘고 튼튼한 **새끼줄**①을 꼬아 주게."

게으른 일꾼은 이렇게 생각했습니다.

'마지막까지 날 부려먹으려고 하다니, 정말 기분 나쁘군!'

그래서 그 일꾼은 새끼줄을 **대충**② 만든 뒤 잠들어 버렸습니다. 그 일꾼의 새끼줄은 매우 약하고 굵었습니다.

그러나 열심히 일하던 일꾼은 최선을 다해 새끼줄을 꼬았습니다. 지금까지 먹고살 수 있게 해 준 사람에게 **보답**③하고 싶었기 때문이었습니다.

다음 날 아침이 되자 일꾼들에게 일을 시키던 사람은 두 일꾼을 창고 앞으로 불렀습니다. 그러고는 창고 문을 활짝 열고 엽전이 가득 담긴 상자를 보여 주었습니다. 그는 활짝 웃으며 말했습니다.

"지금까지 고마웠네! 어젯밤 자네들이 꼰 새끼줄에 **꿸**④ 수 있을 만큼 엽전을 꿰어 가져가게."

정성껏 새끼줄을 꼰 일꾼은 튼튼하고 가느다란 새끼줄에 엽전을 가득 꿰어 떠날 수 있었습니다. 그러나 새끼줄을 대충 꼰 일꾼은 엽전을 아주 조금밖에 꿸 수 없었습니다. **결국**⑤ 그 일꾼은 챙긴 엽전이 거의 없어 **쪽박을 차게** 되었습니다.

– 우리나라 전래 동화

1 두 일꾼이 만든 새끼줄과 가져간 엽전을 이야기의 내용에 알맞게 각각 선으로 이어 보세요.

새끼줄을 대충
만든 일꾼 ·

·  ·

·

약하고 굵은 새끼줄

많은 엽전

새끼줄을
최선을 다해
만든 일꾼 ·

·  ·

·

튼튼하고 가느다란 새끼줄

아주 적은 엽전

2 일꾼들에게 일을 시키던 사람이 일꾼들에게 새끼줄을 꼬라고 한 까닭은 무엇이었는지 빈칸을 채워 보세요.

[보 기]   튼튼   보답

일꾼들에게 일을 시키던 사람은 지금까지 일해 준 일꾼들이 우척 고마웠습니다.

그래서 일꾼들에게 하기 위해, 엽전을 원하는 안큼 꿰어서 가져

갈 수 있는 가늘고 한 새끼줄을 꼬도록 한 것이었습니다.

3 다음 문장에 알맞은 말을 골라 ○표를 해 보세요.

• 머리카락은 손가락보다 { 가늘다 / 굵다 }.

• 코끼리의 다리는 강아지의 다리보다 { 가늘다 / 굵다 }.

어려운 낱말 풀이 ① **새끼줄** 짚으로 만든 줄 ② **대충** 힘이나 정성을 들이지 않고 적당히 간단하게 ③ **보답** 남의 호의나 은혜를 갚음 報갚을 보 答대답 답 ④ **꿸** 끼울, 즉 실이나 끈 따위를 구멍 한쪽에 넣어 다른 쪽으로 낼 ⑤ **결국** 일이 마무리되는 모습으로, 일의 결과가 그렇게 돌아감을 이르는 말 結맺을 결 局판 국

4 선생님의 설명을 보고, '쪽박을 차다'의 알맞은 뜻을 골라 보세요. ························· [   ]

 **선생님**: 이 물건이 바로 '쪽박'입니다. 쪽박은 조롱박을 반으로 쪼개서 만든 작은 바가지랍니다. 옛날 거지들은 이 쪽박을 항상 옆에 차고 다니며 밥을 구걸하곤 했습니다. 그렇다면 '**쪽박을 차다**'라는 관용어의 뜻은 무엇일까요?

① 다른 사람의 도움으로 돈을 벌게 되었다는 뜻

② 가진 것 없이 거지가 되었다는 뜻

③ 바가지를 만드는 사람이라는 뜻

5 다음 중 '쪽박을 차다'라는 말과 어울리는 상황에 ○표를 해 보세요.

김 씨의 가게가 잘 되지 않았기 때문에 살던 집까지 팔아야 할 정도로 가난해졌다.	박 씨는 지갑을 잃어버려 밥을 먹을 수 없었지만, 마음씨 착한 이웃이 그를 저녁 식사에 초대해 주었다.
[ ]	[ ]

6 이 이야기에 대한 생각을 <u>잘못</u> 말한 친구를 골라 보세요. ····························· [   ]

> **나은**: 시작하는 것도 중요하지만 일을 잘 끝내는 것도 중요해.
> **하은**: 맡은 일은 최선을 다해서 해야 해.
> **해니**: 마지막까지 열심히 한다면 좋은 일이 기다리고 있을 거야.
> **나경**: 처음에는 열심히 하더라도 마지막에는 대충 해도 괜찮아.

① 나은   ② 하은   ③ 해니   ④ 나경

05회 맞춤법·받아쓰기

1단계 다음 뜻에 알맞은 낱말을 골라 빈칸에 옮겨 써 보세요.

[1] 일을 잘 꾸며 내는 묘한 생각

　① 꾀　　　　② 줄

[2] 남의 호의나 은혜를 갚음

　① 보답　　　② 쪽박

[3] 사람이 지켜야 할 것을 안 지켜 못마땅하다.

　① 부려먹다.　② 괘씸하다.

2단계 불러 주는 말을 잘 듣고 빈칸을 알맞게 채워 보세요.

2단계 05회 받아쓰기2
QR코드를 찍으면
받아쓰기 음성이
나옵니다.

[1] 　　　　　　일꾼

[2] 　　　을 다하다.

[3] 　　　한 냥

3단계 불러 주는 말을 잘 듣고 띄어쓰기에 유의하여 받아 써 보세요.

2단계 05회 받아쓰기
QR코드를 찍으면
받아쓰기 음성이
나옵니다.

[1] | 게 | 으 | 른 | ∨ | | | | | | | | | | |

[2] | | 고 | ∨ | | 한 | ∨ | | 줄 | |

[3] | | | ∨ | | ∨ | | ∨ | | | | |

시간 끝난 시간 　시 　분

1회분 푸는 데 걸린 시간 　분

채점 독해 6문제 중 　개

맞춤법·받아쓰기 9문제 중 　개

냄새가 가진 여러 가지 뜻

맛있는 라면 끓이는 냄새, 바다에서 풍겨 오는 짭짤한 내음, 봄날의 향긋한 꽃향기처럼 우리는 매일 수많은 냄새를 맡습니다. 이렇게 냄새는 '**코로 맡는 온갖 기운**'이라는 뜻도 있지만, 다른 의미로는 '**어떤 사물이나 분위기에서 느껴지는 낌새**'라는 뜻으로 자주 사용됩니다. 이처럼 냄새는 여러 가지 뜻을 가진 낱말인 다의어입니다.

[냄새가 나다]

냄새가 난다는 말은 냄새가 밖으로 드러난다는 뜻이기도 하지만, '어떤 일이 일어날 조짐이 느껴진다'는 뜻으로도 쓰입니다. 군고구마 냄새가 나면 가까운 곳에 군고구마 장수가 있다는 사실을 알 수 있는 것처럼, 어떤 일을 알아차린다는 의미로 쓰입니다.

📖 아무래도 그 두 사람이 무슨 음모를 꾸미고 있는 것 같은 **냄새가 난다.**
└ 기운이 느껴진다.

[냄새를 맡다]

냄새를 맡는다는 말은 코로 냄새를 느낀다는 뜻이기도 하지만, '어떤 낌새를 알아차리다'의 뜻으로도 쓰입니다. 예를 들어 어떤 사람에게서 사기꾼 냄새를 맡았다고 한다면, 그 사람이 거짓말을 일삼는다는 느낌을 받았다는 의미입니다.

📖 수상한 **냄새를 맡은** 경찰은 범인의 집 문을 두드렸다.
└ 낌새를 알아차린

[냄새를 풍기다]

실제로 어떤 냄새를 퍼뜨렸다는 뜻이기도 하지만, 이 표현은 동시에 '어떤 분위기를 자아내다'라는 뜻으로 쓰입니다. 누가 어떤 영화를 보고 사람 냄새가 풍기는 작품이라고 말했다면, 인간미가 넘치는 분위기의 영화였다는 것을 알 수 있습니다.

📖 재원이는 공부를 많이 하고 똑똑해서 말을 하면 **풍기는 냄새**가 다르다.
└ 느껴지는 기운

2주차

회차	영역	학습 내용	학습계획일	맞은 문제수
06회	사자성어	**일확천금(一攫千金)** 복권에 당첨되면 한 번에 많은 돈을 얻게 됩니다. '일확천금(一攫千金)'은 마치 복권에 당첨된 것처럼, '**한 번에 큰돈을 얻게 된다**'는 뜻의 사자성어입니다.	월 / 일	독해 6문제 중 ☐개 / 맞춤법·받아쓰기 9문제 중 ☐개
07회	속담	**바늘 도둑이 소도둑 된다** 작은 물건이라도 계속 훔치다 보면 점점 더 큰 물건까지 손을 대게 됩니다. 이처럼 '**바늘 도둑이 소도둑 된다**'는 '**아무리 작은 일이라도 나쁜 일을 계속 하게 되면 큰 죄를 짓게 된다**'는 뜻입니다.	월 / 일	독해 6문제 중 ☐개 / 맞춤법·받아쓰기 9문제 중 ☐개
08회	관용어	**파김치가 되다** 밭에서 뽑은 파는 늘어져 있지 않고 곧게 서 있습니다. 그런데, 그 파로 김치를 담그면 축 늘어져 힘이 없는 모양이 됩니다. '**파김치가 되다**'라는 말은 '**몹시 지쳐 기운이 없게 되다**'라는 뜻입니다.	월 / 일	독해 6문제 중 ☐개 / 맞춤법·받아쓰기 9문제 중 ☐개
09회	사자성어	**자포자기(自暴自棄)** 자기 자신을 포기하는 상황을 두고 '자포자기(自暴自棄)'라고 합니다. 즉, **스스로를 돌보지 않고 모든 것을 포기한다**'는 뜻입니다.	월 / 일	독해 6문제 중 ☐개 / 맞춤법·받아쓰기 9문제 중 ☐개
10회	속담	**믿는 도끼에 발등 찍힌다** 믿었던 친구에게 배신을 당하여 해를 입게 된다면 무척 슬픈 기분이 들 것입니다. 이러한 경우 우리는 '**믿는 도끼에 발등 찍힌다**'는 말을 사용합니다. 즉, '**믿었던 사람에게 배신을 당한다**'는 의미입니다.	월 / 일	독해 6문제 중 ☐개 / 맞춤법·받아쓰기 9문제 중 ☐개

일확천금 (一 攫 千 金)*
하나 일 움킬 확 일천 천 황금 금

복권에 당첨되면 한 번에 많은 돈을 얻게 됩니다. '일확천금(一攫千金)'은 마치 복권에 당첨된 것처럼, '한 번에 큰돈을 얻게 된다'는 뜻의 사자성어입니다.

>>> QR코드를 찍으면 지문 읽기를 들을 수 있어요.

2단계 06회 본문

공부한 날 ☐월 ☐일 시작 시간 ☐시 ☐분

어느 날 한 농부의 집에 거위 한 마리가 들어왔습니다. 농부는 거위를 집에서 키우려고 마당에 묶어 놓았습니다. 다음날 아침, 농부는 거위를 보고 깜짝 놀랐습니다. 그 이유는 거위가 황금알을 낳았기 때문입니다.

거위는 다음날도, 그 다음날도 황금알을 하나씩 낳았습니다. 농부는 거위가 낳은 황금알 **덕분**①에 더 이상 가난하지 않게 되었습니다. 농부는 거위 덕분에 **남부럽지 않게**② 살 수 있었지만 점점 욕심이 생기고 말았습니다.

"하루에 황금알 하나로는 부족해. 만약 배 속에 있는 황금알을 **한꺼번에**③ 많이 얻게 된다면 어떻게 될까? 그러면 나는 더 빨리 부자가 될 수 있겠지?"

농부는 거위의 배 속에서 황금알을 **몽땅**④ 꺼내기로 결심하고 **배를 갈랐습니다**⑤. 그런데 거위의 배 속에 황금알은 없었습니다.

거위는 죽어 버렸고 더 이상 농부는 황금알을 얻을 수 없게 되었습니다. **일확천금***을 얻으려다가 영원히 거위를 잃게 된 농부는 **땅을 치며 후회했지만**⑥ 이미 **때는 늦은 뒤였습니다**⑦.

– 이솝 우화

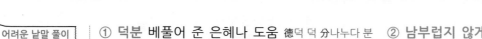

📜 어려운 낱말 풀이 | ① **덕분** 베풀어 준 은혜나 도움 德덕 덕 分나누다 분 ② **남부럽지 않게** 남들을 부러워할 필요 없이
③ **한꺼번에** 한 번에 ④ **몽땅** 전부 ⑤ **배를 갈랐습니다** 배를 칼로 베어 열어 보았습니다
⑥ **땅을 치며 후회했지만** 몹시 크게 후회했지만 - 後뒤 후 悔뉘우칠 회 - ⑦ **때는 늦은 뒤였습니다** 이미 저지른 일이었기 때문에 어찌할 수 없었습니다

1 이 이야기에서 황금알을 낳는 동물에 ○표를 해 보세요.

[   ]

[   ]

[   ]

2 문제 1번에서 선택한 동물은 황금알을 일주일 동안 몇 개를 낳을 수 있었는지 써 보세요.

➡ ☐ 개

3 농부가 거위의 배를 가른 까닭으로 알맞은 것을 골라 ○표를 해 보세요.

가족들이 배가 고프다고 해서 거위의 배를 갈라 맛있는 요리를 해 먹기 위해서	거위의 배를 가르면 더 많은 황금알을 한꺼번에 얻을 수 있을 거라고 생각했기 때문	거위가 사람들을 공격하는 탓에 더 이상 거위를 살려 둘 수 없다고 생각했기 때문에
[ ]	[ ]	[ ]

4 다음 한자 뜻풀이를 보고 '일확천금'의 뜻으로 올바른 것에 ○표를 해 보세요.

一		攫		千		金	
뜻	음	뜻	음	뜻	음	뜻	음
하나	일	움킬	확	일천	천	황금	금

[1] 한꺼번에 많은 돈을 얻는다. ──────────────────────── [   ]

[2] 조금씩 돈을 모은다. ──────────────────────────── [   ]

5 다음 중 '일확천금'이 바르게 쓰인 문장을 골라 보세요. ──────── [   ]

① 지연이는 **일확천금**을 꿈꾸며 복권을 샀다.

② 가현이는 오늘 할 일을 **일확천금**했다.

③ 동우는 집에 가는 길에 **일확천금**을 먹었다.

6 다음 빈칸에 공통으로 들어갈 낱말을 골라 보세요. ──────────── [   ]

> • 닭이 알을 ☐☐.
>
> • 소문이 소문을 ☐☐.
>
> • 돼지가 새끼 열 마리를 ☐☐.

① 켜다   ② 속다   ③ 낳다

06회 맞춤법·받아쓰기

해설편 0003쪽

1단계

다음 뜻에 알맞은 낱말을 골라 빈칸에 옮겨 써 보세요.

[1] 집의 앞뒤나 어떤 곳에 닦아 놓은 평평한 땅

① 마당　　② 몽땅

[2] 몸을 마음대로 움직이지 못하게 얽어매다.

① 얻다.　　② 묶다.

[3] 분수에 넘치게 무엇을 탐하는 마음

① 가난　　② 욕심

2단계

2단계 06회 받아쓰기2
QR코드를 찍으면 받아쓰기 음성이 나옵니다.

불러 주는 말을 잘 듣고 빈칸을 알맞게 채워 보세요.

[1] 거위를 □□ 된 농부

[2] 네 □□ 이야.

[3] 일을 □□□ 에 했다.

3단계

2단계 06회 받아쓰기
QR코드를 찍으면 받아쓰기 음성이 나옵니다.

불러 주는 말을 잘 듣고 띄어쓰기에 유의하여 받아 써 보세요.

[1] | 욕 | 심 | ∨ | | | ∨ | | | | | | | | |

[2] | | | 을 | ∨ | | 는 | ∨ | | | | | | | |

[3] | | | | | ∨ | | | . | | | | | | |

시간 끝난 시간 □시 □분　1회분 푸는 데 걸린 시간 □분

채점 독해 6문제 중 □개　맞춤법·받아쓰기 9문제 중 □개

속담 옛날부터 전해 오는 지혜를 간단하고 깔끔하게 표현한 짧은 글

바늘 도둑이 소도둑 된다*

작은 물건이라도 계속 훔치다 보면 점점 더 큰 물건까지 손을 대게 됩니다. 이처럼 '바늘 도둑이 소도둑 된다'는 '아무리 작은 일이라도 나쁜 일을 계속 하게 되면 큰 죄를 짓게 된다'는 뜻입니다.

공부한 날 [ ]월 [ ]일 시작 시간 [ ]시 [ ]분

>>> QR코드를 찍으면
지문 읽기를 들을 수 있어요.

2단계 07회 본문

　　옛날에 어머니와 아들이 살았습니다. 어머니는 아들을 무척 사랑하여 혼내는 일이 **드물었습니다**①. 어느 날 아들이 시장에서 사과 하나를 훔쳐 왔는데도 머리를 쓰다듬으며 **칭찬만 할 뿐이었습니다**②.

　　"나한테 주려고 가지고 온 거니? 착하다, 착해."

　　아들은 어머니가 자신을 혼내지 않자 점점 큰 물건들을 훔치기 시작했습니다. 처음에는 사과 하나였지만, 나이가 들수록 점점 비싼 물건들을 훔쳤습니다. 사과 다음은 닭, 그 다음엔 소, 마지막에는 **금은보화**③까지. 결국 아들은 큰 도둑이 되어 감옥에 갇히게 되었습니다.

　　감옥에 갇힌 아들을 보러 간 어머니는 눈물을 흘리며 말했습니다.

　　"내가 너무 어리석었구나! **바늘 도둑이 소도둑 된다***는 말을 왜 몰랐을까? 만약 네가 처음에 사과를 훔쳤을 때 너를 혼냈다면 네가 큰 도둑이 되지 않았을 텐데!"

　　"아닙니다, 어머니. 제가 잘못한 거예요. 제 잘못이에요!"

　　아들은 크게 **후회**④하며 엉엉 울었습니다.

　　그 후, 벌을 받은 아들은 잘못을 **뉘우치고**⑤ 다시는 **죄를 짓지**⑥ 않고 살았다고 합니다.

　　- 이솝 우화

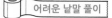 **어려운 낱말 풀이**

① **드물었습니다** 거의 없었습니다 ② **칭찬만 할 뿐이었습니다** 칭찬만 했습니다
稱일컬을 칭 讚기릴 찬 - ③ **금은보화** 금과 은과 보석들 金금 금 銀은 은 寶보물 보 貨보물 화
④ **후회** 자신이 한 일에 대해 괜히 했다고 생각하며 반성함 後뒤 후 悔뉘우칠 회
⑤ **뉘우치고** 잘못을 깨닫고 반성하고 ⑥ **죄를 짓지** 나쁜 짓을 하지 罪허물 죄 -

1 다음은 아들이 붙잡혀 갈 때까지 훔친 물건들입니다. 순서에 맞게 화살표를 그려 보세요.

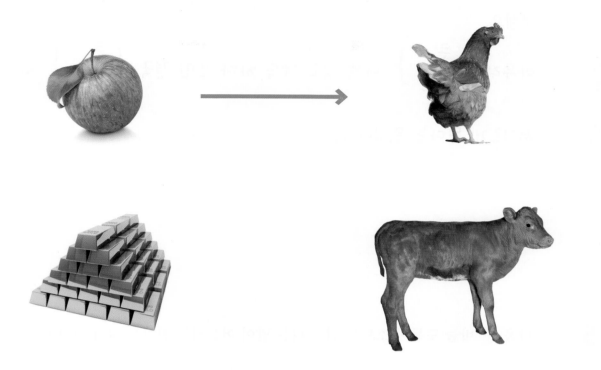

2 왜 아들은 점점 더 큰 물건을 훔치는 도둑이 되었는지 골라 보세요. ┈┈┈┈┈ [   ]

① 도둑질에 재능이 있어서

② 도둑질을 하지 않으면 먹고 살기가 힘들어서

③ 작은 도둑질을 했을 때 혼나지 않아 도둑질을 계속했기 때문에

3 어머니가 감옥에 갇힌 아들을 보고 난 뒤에 한 생각은 무엇이었는지 골라 ○표를 해 보세요.

'고작 도둑질한 것 정도로 우리 아들에게 벌을 주려 하다니! 우리 아들은 잘못 없어!'

'처음 사과를 훔쳐 왔을 때부터 혼을 냈어야 했는데……. 그랬다면 큰 도둑이 되지 않았을 거야.'

4 다음은 '바늘 도둑이 소도둑 된다'는 속담의 뜻입니다. 알맞은 낱말을 골라 뜻을 완성해 보세요.

아무리 { 큰 / 작은 } 나쁜 짓도 계속 하다 보면 결국 { 큰 / 작은 } 죄를

저지르게 된다는 뜻입니다.

5 다음 중 '바늘 도둑이 소도둑 된다'라는 말이 어울리는 친구를 골라 빈칸에 이름을 써 보세요.

지원: 이 정도 작은 거짓말은 계속해도 괜찮을 거야. 다른 사람한테 크게 피해를 주는 것도 아니잖아?

영민: 어제 거짓말을 했다가 들통나서 엄청 크게 혼이 났어. 다시는 거짓말을 하지 않을 거야.

☐☐ 아! 바늘 도둑이 소도둑 된다는 말도 있잖아.

그러니까 작은 잘못도 하지 않도록 조심하렴.

6 밑줄 친 부분과 바꿔 쓸 수 있는 말은 무엇인지 골라 보세요. ────────── [ ]

그 일은 정말 **드물게 일어났다.**

① 자주 일어났다. ② 항상 일어났다. ③ 잘 일어나지 않았다.

07회 맞춤법·받아쓰기

해설편 0004쪽

1단계

다음 뜻에 알맞은 낱말을 골라 빈칸에 옮겨 써 보세요.

[1] 호되게 꾸지람을 듣거나 벌을 받다.

① 죄짓다. ② 혼나다.

[2] 귀엽거나 탐스러워 손으로 쓸어 주다.

① 뉘우치다. ② 쓰다듬다.

[3] 잘하지 못한 일

① 잘못 ② 후회

2단계

2단계 07회 받아쓰기2

QR코드를 찍으면 받아쓰기 음성이 나옵니다.

불러 주는 말을 잘 듣고 빈칸을 알맞게 채워 보세요.

[1] 죄를 ☐☐.

[2] 감옥에 ☐☐☐.

[3] 벌을 ☐☐.

3단계

2단계 07회 받아쓰기

QR코드를 찍으면 받아쓰기 음성이 나옵니다.

불러 주는 말을 잘 듣고 띄어쓰기에 유의하여 받아 써 보세요.

[1]
| 금 | 은 | 보 | 화 | 를 | ∨ | | | | ∨ | | | | | | |

[2]
| | | ∨ | | | | 이 | ∨ | | | | ∨ | | | . | |

[3]
| | | | ∨ | | | ∨ | | | | | | | | . | |

시간 🕐 끝난 시간 ☐시 ☐분 / 1회분 푸는 데 걸린 시간 ☐분

채점 독해 6문제 중 ☐개 / 맞춤법·받아쓰기 9문제 중 ☐개

파김치가 되다*

밭에서 뽑은 파는 늘어져 있지 않고 곧게 서 있습니다. 그런데 그 파로 김치를 담그면 축 늘어져 힘이 없는 모양이 됩니다. '**파김치가 되다**'라는 말은 '**몹시 지쳐 기운이 없게 되다**'라는 뜻입니다.

공부한 날 □월 □일 시작 시간 □시 □분

>>> QR코드를 찍으면 지문 읽기를 들을 수 있어요.
2단계 08회 본문

옛날 어느 마을에 게으른 삼 형제가 살았습니다. 삼 형제는 너무나도 게으른 나머지 먹고 자는 것 말고는 아무것도 안 했습니다. 자신의 목숨이 얼마 남지 않았다는 것을 느낀 삼 형제의 아버지는 삼 형제를 불러 **유언**①을 남겼습니다.

"내가 보물을 포도밭에 묻어 두었다."

아버지가 돌아가신 뒤, 삼 형제는 매일 보물을 찾기 위해 지쳐 쓰러지기 직전까지 포도밭을 **파헤쳤습니다**②. **파김치가 될*** 때까지 일을 한 것입니다. 그러나 아무리 포도밭을 파헤쳐도 보물은 나오지 않았습니다.

"포도밭에 보물이 묻혀 있는 게 맞는 걸까? 우리가 매일 **파김치가 되도록***
파헤쳐도 아무것도 나오질 않잖아!"

결국 삼 형제는 보물을 찾는 걸 포기했습니다. 그 대신 **갈아엎은**③ 땅에 다시 포도를 심었습니다.

포도를 **수확**④하던 날, 삼 형제는 깜짝 놀라고 말았습니다. 포도나무에 열린 포도가 그 어느 때보다도 많았기 때문이었습니다. 삼 형제가 보물을 찾기 위해 매일 땅을 파헤친 것이 오히려 **밭갈이**⑤가 된 것이었습니다. 밭갈이가 잘 된 땅에서는 포도가 잘 자라는 법이었습니다.

"아버지께서 포도밭에 묻어 두셨다던 보물은 이것이었구나."

그제야 아버지의 뜻을 **깨달은**⑥ 삼 형제는 눈물을 흘렸습니다. 그 뒤로 삼 형제는 아버지의 뜻을 받들어 서로를 도우며 열심히 일하게 되었습니다.

– 탈무드

1 삼 형제가 깨달은 '포도밭의 보물'은 무엇인지 찾아 ○표를 해 보세요.

[   ]   [   ]   [   ]

2 삼 형제에게 '포도밭의 보물'을 찾게 한 아버지의 뜻은 무엇이었는지 [보기]에서 골라 ○표를 해 보세요.

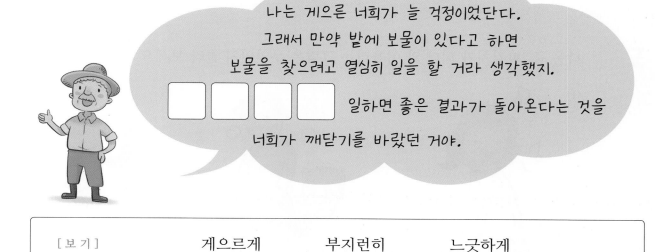

나는 게으른 너희가 늘 걱정이었단다.
그래서 만약 밭에 보물이 있다고 하면
보물을 찾으려고 열심히 일을 할 거라 생각했지.
☐☐☐☐ 일하면 좋은 결과가 돌아온다는 것을
너희가 깨닫기를 바랐던 거야.

| [보 기] | 게으르게 | 부지런히 | 느긋하게 |

3 이 이야기에서 삼 형제가 '보물'에 관해 생각한 것을 순서에 맞게 번호를 써 보세요.

| '아버지께서 돌아가시다니, 슬프다. 그나저나 아버지께서 말씀하신 보물이란 뭘까?' | '아무리 파도 보물이 나오질 않아. 매일 파김치가 될 때까지 파헤쳤는데……' | '아, 아버지께서 말씀하신 포도밭의 보물이란 이것이구나!' |

[   ]   [   ]   [   ]

어려운 낱말 풀이 | ① 유언 죽을 때 남기는 말 遺남길 유 言말씀 언 ② 파헤쳤습니다 속에 있는 것이 드러나도록 팠습니다
③ 갈아엎은 땅을 갈아서 흙을 뒤집어엎은 ④ 수확 익은 농작물을 거두어들임 收거둘 수 穫거둘 확
⑤ 밭갈이 밭을 가는 것 ⑥ 깨달은 모르고 있던 것을 똑바로 알게 된

4 [보기]를 보고 '파김치가 되다'의 뜻을 골라 보세요. ┈┈┈┈┈┈ [　　　　]

[보기] 　싱싱한 파를 파김치로 만들면 아래의 그림처럼 축 처지고 흐물흐물해집니다.

↑ 곧고 힘차게 자라는 쪽파　　　　　　　↑ 축 처진 파김치

① 요리를 매우 잘하다　　　② 기운이 곧고 힘차다　　　③ 몹시 지쳐서 축 처지다

5 다음 중 '파김치가 되다'와 어울리는 그림은 무엇인지 골라 보세요. ┈┈┈┈┈ [　　　　]

①　　　　　　　　　　　②　　　　　　　　　　　③

6 '파김치가 되다'와 비슷한 말로 '녹초가 되다'라는 말도 있습니다. [도움말]을 보고 녹초는 무엇일지 알맞은 것을 골라 보세요. ┈┈┈┈┈ [　　　　]

[도움말] 　녹초는 녹은 초가 파김치처럼 흐물거리는 상태입니다.

①　　　　　　　　②　

08회 맞춤법·받아쓰기

해설편 004쪽

1단계 다음 뜻에 알맞은 낱말을 골라 빈칸에 옮겨 써 보세요.

[1] 행동이 느리고 움직이기 싫어하는 버릇이 있다.

　① 포기하다.　② 게으르다.

.

[2] 흙이나 다른 물건 속에 넣어 보이지 않게 쌓아 덮다.

　① 찾다.　　② 묻다.

.

[3] 죽을 때 남기는 말

　① 유언　　② 보물

2단계 불러 주는 말을 잘 듣고 빈칸을 알맞게 채워 보세요.

2단계 08회 받아쓰기2

QR코드를 찍으면 받아쓰기 음성이 나옵니다.

[1] 　　　 가 잘된 땅

[2] 땅속에 있는 게 　　 걸까?

[3] 포도를 　　 하다.

3단계 불러 주는 말을 잘 듣고 띄어쓰기에 유의하여 받아 써 보세요.

2단계 08회 받아쓰기

QR코드를 찍으면 받아쓰기 음성이 나옵니다.

[1]

포	도	밭	의	∨								

[2]

		의	∨		을	∨				.	

[3]

			∨			∨				

시간 끝난 시간 　시 　분

1회분 푸는 데 걸린 시간 　분

채점 독해 6문제 중 　개

맞춤법·받아쓰기 9문제 중 　개

사자성어 어떤 일에 대한 교훈이나 일어난 까닭을 한자 네 자로 표현한 말

자포자기(自 暴 自 棄)*
스스로 자 해칠 포 스스로 자 버릴 기

자기 자신을 포기하는 상황을 두고 '자포자기(自暴自棄)'라고 합니다. 즉, '스스로를 돌보지 않고 모든 것을 포기한다'는 뜻입니다.

공부한 날 ☐월 ☐일 시작 시간 ☐시 ☐분

>>> QR코드를 찍으면 지문 읽기를 들을 수 있어요.

2단계 09회 본문

배고픈 여우 한 마리가 달콤한 냄새를 맡고 포도밭을 찾아왔습니다. 밭에는 맛있는 포도가 **주렁주렁**① 열려 있었습니다. 여우는 주변을 살펴본 끝에 포도밭에 들어갈 좁은 **틈**②을 한 군데 발견했습니다. 여우는 **나흘**③ 동안 굶어서 몸이 **홀쭉해져**④ 있었기 때문에 그 틈을 **통과**⑤할 수 있었습니다.

포도밭에 들어간 여우는 빠르게 포도를 먹어 치웠습니다. 여우는 포도를 하나도 남기지 않고 전부 먹어 버렸고 기분 좋게 포도밭을 나가려 움직였습니다. 하지만 나갈 수 없었습니다. 배가 풍선처럼 부풀어서 좁은 틈을 빠져나갈 수 없었기 때문입니다.

여우는 **꼼짝없이**⑥ 갇히고 말았습니다. 포도도 이미 다 먹어 버려 먹을 것도 남아 있지 않았습니다. 결국 여우는 **자포자기***해서 그 자리에 누워 버렸습니다.

그렇게 나흘이 지났습니다. 아무것도 먹지 못한 여우는 포도밭에 들어오기 전처럼 다시 홀쭉해졌습니다. 다시 배가 홀쭉해진 여우는 포도밭을 빠져나올 수 있었습니다.

– 이솝 우화

 어려운 낱말 풀이 | ① **주렁주렁** 열매 같은 것이 많이 매달려 있는 모양 ② **틈** 어떤 곳이 벌어져 생긴 빈자리
③ **나흘** 네 날 ④ **홀쭉해져** 속이 비어서 몸이 말라
⑤ **통과** 어떤 곳이나 때를 거쳐서 지나감 通통할 통 過지날 과
⑥ **꼼짝없이** 현재의 상태를 벗어날 방법이나 여지가 전혀 없이

1 이 이야기에서 사건이 일어난 순서에 맞게 번호를 써 보세요.

| ① 여우는 포도를 너무 많이 먹어서 밖으로 나갈 수 없었습니다. | ② 배가 고픈 여우가 좁은 틈을 통해 포도밭으로 들어갔습니다. | ③ 여우는 다시 배고프고 홀쭉해진 상태가 되어서야 포도밭을 나갈 수 있었습니다. |

[ ] → [ ] → [ ]

2 여우가 포도밭에 들어갈 수 있었던 까닭은 무엇인지 골라 보세요. ·················· [   ]

① 주인 아저씨가 문을 열어주어서

② 좁은 틈을 통과할 수 있을 만큼 홀쭉해서

③ 포도나무 가지를 타고 넘어갈 수 있어서

3 이 이야기의 마지막에서 포도밭을 겨우 빠져나온 여우가 했을 말로 알맞은 말을 골라 보세요.

··· [   ]

① 포도를 많이 먹었더니 배가 불러서 기분이 좋아.

② 포도를 전부 먹지 못하고 남겨서 아쉬운걸.

③ 굶었더니 배가 고파. 다음부터는 적당히 먹고 빠져나와야겠어.

4 여우가 왜 '자포자기'했었는지 빈칸을 채워 보세요.

☐가 불러서 좁은 ☐을 빠져나오지 못해 ☐☐밭에

갇혔기 때문입니다.

5 '자포자기'의 한자와 뜻을 보고, 알맞은 낱말을 골라 뜻풀이를 완성해 보세요.

自		暴		自		棄	
뜻	음	뜻	음	뜻	음	뜻	음
스스로	자	해칠	포	스스로	자	버릴	기

'자포자기'란, 스스로를 돌보지 않고 모든 것을 { 포기 / 완성 } 한 상태를 말합니다.

6 다음 대화를 읽고 밑줄 친 말 대신 사용할 수 있는 말을 빈칸에 써 보세요.

> 미소: 소진아, 이번에는 우리가 달릴 차례야. 어서 일어나.
>
> 소진: 나는 느려서 아무런 도움도 안 돼. 이런 내가 뭘 할 수 있겠니?
>
> 미소: 그래? 저번에 보니 나보다 빠르던걸? 너 자신을 포기하지 마! 한번 뛰어 보자,
> 내가 옆에서 같이 뛰어줄게.

☐포☐기하지 마!

1단계

다음 뜻에 알맞은 낱말을 골라 빈칸에 옮겨 써 보세요.

[1] 열매 같은 것이 많이 매달려 있는 모양

① 주렁주렁   ② 자포자기

[2] 어느 곳 하나를 이르는 말

① 군데   ② 전부

[3] 속이 비어서 몸이 야위다.

① 배고프다.   ② 홀쭉하다.

2단계

2단계 09회 받아쓰기2
QR코드를 찍으면
받아쓰기 음성이
나옵니다.

불러 주는 말을 잘 듣고 빈칸을 알맞게 채워 보세요.

[1] 이 ☐☐ 뭐가 있을까?

[2] ☐☐ 방

[3] ☐☐ 해서 지나갔습니다.

3단계

2단계 09회 받아쓰기

QR코드를 찍으면
받아쓰기 음성이
나옵니다.

불러 주는 말을 잘 듣고 띄어쓰기에 유의하여 받아 써 보세요.

[1] | 자 | 포 | 자 | 기 | 한 | ∨ | | | | | | | | | |

[2] | | | | ∨ | | 린 | ∨ | | 도 | | | | | |

[3] | | | | ∨ | | | | . | | | | | | |

시간 끝난 시간 ☐시 ☐분   채점 독해 6문제 중 ☐개

1회분 푸는 데 걸린 시간 ☐분   맞춤법·받아쓰기 9문제 중 ☐개

10회 믿는 도끼에 발등 찍힌다*

믿었던 친구에게 배신을 당하여 해를 입게 된다면 무척 슬픈 기분이 들 것입니다. 이러한 경우 우리는 '믿는 도끼에 발등 찍힌다'는 말을 사용합니다. 즉, '믿었던 사람에게 배신을 당한다'는 의미입니다.

공부한 날 [ ] 월 [ ] 일   시작 시간 [ ] 시 [ ] 분

>>> QR코드를 찍으면
지문 읽기를 들을 수 있어요.

2단계 10회 본문

    어느 깊은 숲속에 여우와 당나귀가 살았습니다. 어린 시절부터 함께 자란 둘은 둘도 없는 친구 사이였습니다. 그러던 어느 날, 여우와 당나귀는 사자를 만나고 말았습니다. 당나귀가 겁이 나 **얼어붙은**① 사이, 여우는 사자에게 다가가 무어라 귓속말을 했습니다. 그러자 사자는 얌전히 물러났습니다.

    "여우야, 대단하다! 어떻게 사자를 돌아가게 한 거야?"

    "잠시만 기다려 봐, 저 구덩이를 보고 오면 알려줄게."

    당나귀는 궁금해져서 구덩이 밑을 내려다보았습니다. 그 순간, 여우가 당나귀를 밀어 버렸고 당나귀는 구덩이에 빠졌습니다.

    "미안해, 사자한테 널 구덩이에 빠트릴 테니 나는 살려 달라고 말했거든."

    "**믿는 도끼에 발등 찍힌다***더니…… 여우 네가 어떻게 나한테……."

    그 사이에 사자가 구덩이에 도착했습니다. 사자는 구덩이를 내려다보았습니다. 그런데 그때, 여우가 사자를 밀치며 외쳤습니다.

    "당나귀야, 사자를 밟고 뛰어!"

    당나귀는 그 말에 정신을 번쩍 차렸습니다. 당나귀는 구덩이에 빠져 정신이 없는 사자를 밟고 뛰어올랐습니다. 다행히 당나귀는 구덩이에서 무사히 빠져나올 수 있었습니다.

    "놀라게 해서 미안해, 당나귀야. 하지만 사자를 속이려면 어쩔 수 없었어."

    당나귀는 사자를 속이고 자신을 구해준 꾀 많은 여우에게 **감탄**②할 수밖에 없었습니다. 그렇게 둘은 사이좋게 집으로 돌아가 그 뒤로도 둘도 없는 친구로 지냈다고 합니다.

    – 이솝 우화

1 다음 중 구덩이에 빠지지 <u>않은</u> 동물은 무엇인지 골라 보세요. ·········· [   ]

①

②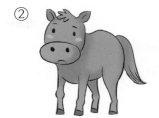

③

2 여우가 사자에게 귓속말로 속삭인 내용이 무엇일지 골라 〇표를 해 보세요.

> "사자님, 제가 당나귀를 구덩이에 빠트릴 테니 저는 살려 주세요. 당나귀를 잡는 데 힘을 쓸 바에야 그 편이 낫지 않겠어요?"

[   ]

> "사자님, 당나귀를 보내 주고 대신 저를 드세요. 제 둘도 없는 친구를 죽게 둘 수는 없어요."

[   ]

3 다음은 구덩이 속에 빠진 어느 동물의 말입니다. 이 동물은 누구인지 [보기]에서 골라 〇표를 해 보세요.

> 여우 네 이놈, 나를 속였구나! 당나귀를 구덩이 속에 빠트려 준다더니! 다음에 마주치면 용서하지 않겠다!

[보기]	여우	당나귀	사자

 어려운 낱말 풀이

① **얼어붙은** 무서워서 몸을 꼼짝하지 못하는

② **감탄** 마음속 깊이 놀라고 인정함 感느낄 감 歎읊을 탄

4 '믿는 도끼에 발등 찍힌다'는 무슨 뜻인지 골라 보세요. ------------------------------- [   ]

① 마음이 크게 아프다

② 믿었던 사람에게 배신을 당하다

③ 사람을 믿으면 마음이 편해진다

5 '믿는 도끼에 발등 찍힌다'와 어울리는 상황에 〇표를 해 보세요.

동생을 믿고 심부름을 보냈는데, 동생이 그 돈으로 다른 것을 사 먹어서 실망한 현수	아무런 기대도 하지 않았는데, 반 친구들이 다 함께 생일을 축하해 줘 감동을 받은 수진

[   ]   [   ]

6 '사이'의 뜻과 쓰임이 같은 것끼리 각각 선으로 이어 보세요.

무엇을 하는 동안	•	•	둘도 없는 친구 **사이**
서로 맺은 관계	•	•	내가 깜빡 존 **사이**에 수업이 끝났다.

10회 맞춤법·받아쓰기

해설편 005쪽

1단계

다음 뜻에 알맞은 낱말을 골라 빈칸에 옮겨 써 보세요.

[1] 무서워하거나 두려워하는 마음

① 겁   ② 꾀

[2] 서로 정답고 친하게

① 사이좋게   ② 얌전하게

[3] 마음속 깊이 놀라고 인정함

① 궁금   ② 감탄

2단계

불러 주는 말을 잘 듣고 빈칸을 알맞게 채워 보세요.

2단계 10회 받아쓰기2
QR코드를 찍으면
받아쓰기 음성이
나옵니다.

[1] 너 참 ☐ ☐ ☐ ☐ .

[2] ☐ ☐ ☐ 있자.

[3] 가방에 ☐ ☐ ☐ 테니까.

3단계

불러 주는 말을 잘 듣고 띄어쓰기에 유의하여 받아 써 보세요.

2단계 10회 받아쓰기
QR코드를 찍으면
받아쓰기 음성이
나옵니다.

[1]

둘	도	∨	없		∨	친								

[2]

		은	∨											

[3]

		∨				∨				∨			.

시간 ⏰ 끝난 시간 ☐ 시 ☐ 분
1회분 푸는 데 걸린 시간 ☐ 분

채점 독해 6문제 중 ☐ 개
맞춤법·받아쓰기 9문제 중 ☐ 개

되(되다) / 돼(되어)

수업 시작을 알리는 종이 울렸습니다. 그런데 무슨 일인지 세윤이는 자리에 앉지 못하고 있었습니다.

세윤: 어떻게 하지? 이번 시간에 제출해야 하는 과제물을
잃어버렸어. 분명히 아침에 확인하고 가져왔는데.

래원: 걱정마 세윤아. 나랑 재은이도 봤으니까 선생님께 꼭
말씀드릴게.

재석: 영훈이랑 종우도 봤었어. 우리가 사실대로

말씀드리면 잘 해결 $\left\{ \begin{array}{l} ① \ 될 \\ ② \ 됄 \end{array} \right\}$ 거야.

세윤이는 친구들 덕분에 진정하고 자리에 앉을 수 있었습니다.

'되'와 '돼'는 같은 뜻을 가졌지만 쓰임은 다릅니다. '되'는 '되다'의 '되'이고, '돼'는 '되어'의 준말이기 때문입니다. 다시 말해 '되'는 문장 끝에 홀로 사용할 수 없어 결합이 필요한 말이고, '돼'는 이미 '되어'라는 말로 완성이 된 상태이기 때문에 홀로 사용이 가능합니다. 예를 들어 '되'는 '어른이 되면', '컴퓨터에 연결되고' 등으로 쓸 수 있고, '돼'는 '이렇게 해도 돼', '빨리 가야 돼' 등으로 쓸 수 있습니다.

> **되:** **문장 끝에 홀로 사용할 수 없다.**
> '어른이 되면', '컴퓨터에 연결되고' 등.
>
> **돼:** **문장 끝에 홀로 사용이 가능하다.**
> '이렇게 해도 돼', '빨리 가야 돼' 등.

✎ **바르게 고쳐 보세요.**   정답: 005쪽

재은: 영훈이랑 종우도 봤었어. 우리가 사실대로 말씀드리면 잘 해결될 거야.

→ 영훈이랑 종우도 봤었어. 우리가 사실대로 말씀드리면 잘 해결 ☐ 거야.

3주차

주 간 학 습 계 획 표

한 주간의 계획을 먼저 세워 보세요. 매일 학습을 마친 후 맞힌 문제의 개수를 쓰세요!

회 차	영 역	학 습 내 용	학습계획일	맞은 문제수
11회	관용어	**기가 막히다** '기'는 사람의 몸을 드나드는 기운입니다. **'기가 막히다'**는 이런 기운이 막힐 만큼 **'뭐라 말할 수 없을 만큼 좋을 때, 혹은 못마땅하고 너무 뜻밖이라 어이가 없을 때'** 쓰입니다.	월 일	독 해 6문제 중 ☐ 개 / 맞춤법·받아쓰기 9문제 중 ☐ 개
12회	고사성어	**일거양득(一擧兩得)** 밭에서 감자 하나를 캤는데, 감자 두 개가 한 번에 올라왔습니다. 이런 상황을 두고 **'일거양득(一擧兩得)'**이라고 표현합니다. **'한 가지 일을 하여 두 가지 이득을 얻는다'**는 뜻입니다.	월 일	독 해 6문제 중 ☐ 개 / 맞춤법·받아쓰기 9문제 중 ☐ 개
13회	속담	**가재는 게 편** 사람들은 보통 **'자신과 관련 있는 사람의 편을 들어 주기 마련'**입니다. 이를 두고 **'가재는 게 편'**이라는 말을 씁니다. 가재와 게는 둘 다 집게발이 있어서 서로 닮았기 때문에 생긴 말입니다.	월 일	독 해 6문제 중 ☐ 개 / 맞춤법·받아쓰기 9문제 중 ☐ 개
14회	관용어	**발 벗고 나서다** 누군가를 도와줄 때 적극적으로 도와준 적이 있나요? 이처럼 남을 적극적으로 도와줄 때 우리는 **'발 벗고 나서다'**라고 표현을 합니다. 즉, **'적극적으로 나서다'**라는 뜻입니다.	월 일	독 해 6문제 중 ☐ 개 / 맞춤법·받아쓰기 9문제 중 ☐ 개
15회	사자성어	**무용지물(無用之物)** **'무용지물(無用之物)'**이라는 말은 '없다'를 뜻하는 한자 무(無)와 '쓰다'를 뜻하는 한자 용(用), 그리고 '물건'을 뜻하는 한자인 물(物)이 합쳐진 사자성어입니다. 즉 **'아무 소용이 없는 물건이나 아무짝에도 쓸데없는 사람'**을 뜻하는 말입니다.	월 일	독 해 6문제 중 ☐ 개 / 맞춤법·받아쓰기 9문제 중 ☐ 개

'기'는 사람의 몸을 드나드는 기운입니다. '기가 막히다'는 이런 기운이 막힐 만큼 '뭐라 말할 수 없을 만큼 좋을 때, 혹은 못마땅하고 너무 뜻밖이라 어이가 없을 때' 쓰입니다.

공부한 날 ☐ 월 ☐ 일 시작 시간 ☐ 시 ☐ 분

>>> QR코드를 찍으면 지문 읽기를 들을 수 있어요.

2단계 11회 본문

늙은 사자가 있었습니다. 그 사자는 너무 늙어 사냥을 할 **기운**①이 없어서 늘 배가 고팠습니다. 사자는 자신의 동굴에 앉아서 **고민했습니다**②.

'어떻게 하면 사냥을 하지 않고도 동물들을 잡아먹을 수 있을까?'

사자는 **기가 막힌***꾀를 하나 떠올렸습니다.

㉠'그래, 내가 병에 걸렸으니 다들 **병문안**③을 오라고 하는 거야! 그리고 병문안을 오는 동물 중 하나에게 동물의 왕을 **물려주겠다**④고 하면 동물들이 오겠지? 그럼 그때 잡아먹는 거야.'

늙은 사자의 소식을 들은 동물들은 병문안을 갔습니다. 사자는 병문안을 온 동물들을 그 자리에서 모두 잡아먹었습니다.

어느 날, 여우도 사자가 아프다는 소식을 듣고 사자의 동굴로 찾아갔습니다. 그런데 여우는 사자의 동굴 앞에서 걸음을 멈췄습니다. 동굴 앞에 들어가는 발자국은 많은데, 나오는 발자국이 하나도 없었기 때문이었습니다.

"밖에 누구 있느냐? 어서 들어오지 않고 뭐하느냐."

여우는 동굴 안에서 들려오는 사자의 말에 **기가 막혔습니다***.

㉡"사자님, 동굴에 들어가는 발자국은 많은데 나오는 발자국은 하나도 없군요. ㉢나오지 못할 동굴에 들어갈 수는 없으니, 저는 이만 가 보겠습니다."

그렇게 말하고 여우는 재빨리 도망쳐 버렸습니다. 여우 덕분에 사자의 꾀를 알게 된 동물들은 아무도 사자에게 병문안을 가지 않았습니다.

– 이솝 우화

1 밑줄 친 ㉡을 바탕으로 여우가 본 사자의 동굴 앞은 어떤 모습이었는지 골라 ○표를 해

보세요.

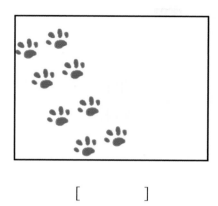

[   ]

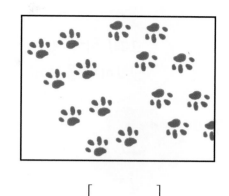

[   ]

2 사자가 병문안을 오는 동물 중 하나에게 왕을 물려주겠다고 소문을 낸 까닭은 무엇인지 골라

보세요. ─────────────────────────────────── [   ]

① 사냥을 나가기 귀찮아서

② 너무 늙어 사냥을 하기 힘들어서

③ 다른 동물에게 왕의 자리를 물려주려고

3 ㉠에 나타난 사자의 생각과 ㉢에 나타난 여우의 생각은 무엇이었는지 [보기]를 보고 빈칸에

알맞은 말을 채워보세요.

[보 기]	병문안	발자국

내가 사냥을 나가기 힘드니,

☐☐☐을

온 동물들을 잡아먹어야지.

동굴 앞에 들어간

☐☐☐ 밖에 없잖아?

모두 사자에게 잡아먹혔나봐!

 어려운 낱말 풀이

① **기운** 살아 움직이는 힘   ② **고민했습니다** 골똘히 생각했습니다 苦쓸 고 悶답답할 민 -

③ **병문안** 아픈 사람을 찾아가 상태를 살피고 위로하는 일 病질병 병 問물을 문 安편안할 안

④ **물려주겠다** 뒤이을 사람에게 무언가를 넘기어 주겠다

4 '기가 막히다'에는 두 가지 뜻이 있습니다. 사자와 여우가 말한 '기가 막히다'의 뜻을 각각 선으로 이어 보세요.

그래! 기가 막힌 생각이 떠올랐어!

•

• 뭐라 말할 수 없을 정도로 좋다.

나온 발자국은 하나도 없잖아! 기가 막히는군.

•

• 못마땅하고 너무 뜻밖이라 어이가 없다.

5 '기가 막히다'를 [보기]와 같은 뜻으로 쓴 친구에 ○표를 해 보세요.

[보기] 그 화가의 그림은 정말 **기가 막혀**. 그림이 사진처럼 생생해.

찬웅: 내가 좋아하는 아이돌은 춤 실력이 **기가 막혀**.

연규: 어떻게 표정 하나 안 바꾸고 거짓말을 하는지, 정말 **기가 막혀**.

[   ]   [   ]

6 다음 끝말잇기의 빈칸에 들어갈 낱말을 [보기]의 뜻을 참고해 써 보세요.

[보기] 아픈 사람을 찾아가 상태를 살피고 위로하는 일

| 우 | 유 | 병 | | | | | 안 | 내 | 문 |

1 단계 다음 뜻에 알맞은 낱말을 골라 빈칸에 옮겨 써 보세요.

[1] 살아 움직이는 힘

① 걸음   ② 기운

[2] 힘센 짐승이 약한 짐승을 먹이로 잡는 일

① 사냥   ② 도망

[3] 재물이나 지위 따위를 전하여 주다.

① 떠올리다.   ② 물려주다.

2 단계 불러 주는 말을 잘 듣고 빈칸을 알맞게 채워 보세요.

2단계 11회 받아쓰기2

QR코드를 찍으면
받아쓰기 음성이
나옵니다.

[1] ☐☐ 사자

[2] ☐☐☐ 멈추다.

[3] ☐☐☐ 전하는 우체부

3 단계 불러 주는 말을 잘 듣고 띄어쓰기에 유의하여 받아 써 보세요.

2단계 11회 받아쓰기

QR코드를 찍으면
받아쓰기 음성이
나옵니다.

[1] | 기 | 가 | ∨ | 막 | | . | | | | | | | |

[2] | 나 | | | ∨ | 못 | | ∨ | 동 | | | | | | |

[3] | | | | | | ∨ | | ∨ | | | | | | |

시간   끝난 시간 ☐ 시 ☐ 분   채점   **독해** 6문제 중   ☐ 개

1회분 푸는 데 걸린 시간 ☐ 분   **맞춤법·받아쓰기** 9문제 중   ☐ 개

12회

일거양득(一 擧 兩 得)*

하나 일 움직일 거 둘 양 얻을 득

밭에서 감자 하나를 뽑았는데, 감자 두 개가 한 번에 올라왔습니다. 이런 상황을 두고 '일거양득(一擧兩得)'이라고 표현합니다. 이처럼 '**한 가지 일을 하여 두 가지 이득을 얻을 때**' 일거양득이라는 말을 쓸 수 있습니다.

공부한 날 ☐월 ☐일 시작 시간 ☐시 ☐분

>>> QR코드를 찍으면 지문 읽기를 들을 수 있어요.

2단계 12회 본문

옛날 아주 힘이 센 변장자라는 사람이 **여관**①에서 잠을 잘 준비를 하고 있었습니다.

그런데 갑자기 밖에서 호랑이가 나타났다고 외치는 사람들의 소리가 들렸습니다.

"호랑이다! 호랑이가 나타났다!"

이 말을 듣고 변장자는 호랑이를 잡으러 나가려고 했습니다. 그때 여관 주인이

변장자를 말리며 다음과 같이 말했습니다.

"지금 소를 한 마리 두고 호랑이 둘이 싸우는 중이오. 호랑이들의 싸움이 끝나면

그때 잡으러 가시오."

싸움이 끝나고 변장자가 나가 보자 호랑이 한 마리는 죽어있고 한 마리는 크게

다쳐 있었습니다.

"큰 힘을 들이지 않고 호랑이 두 마리를 모두 잡을 수 있다니, **일거양득***이로군!"

변장자는 두 호랑이의 가죽을 팔아 큰돈을 벌 수 있었습니다.

– 유래

어려운 낱말 풀이 ┃ ① **여관** 여행 중인 사람이 잠시 묵어 지내는 곳 旅나그네 여 館집 관

1 변장자가 어디에 있을 때 호랑이가 나타났는지 찾아 써 보세요.

변장자가 　[　　]　[　　]　 에 있을 때 호랑이 두 마리가 나타났습니다.

2 밖으로 나가려는 변장자에게 여관 주인이 한 말은 무엇인지 ○표를 해 보세요.

"얼른 나가서 두 호랑이를 잡아 주세요."	"지금 나가지 말고 호랑이들이 서로 싸우다 지치면 나가세요."
[　　　]	[　　　]

3 변장자가 여관에서 나갔을 때, 호랑이들의 모습은 어땠는지 알맞은 그림에 ○표를 해 보세요.

[　　　]

[　　　]

4 다음은 '일거양득'의 한자와 뜻입니다. 한자와 뜻을 알맞게 이어 보세요.

사자성어의 한자

一	擧	兩	得
하나 일	움직일 거	둘 양	얻을 득

고사성어의 뜻

한 번 · 움직여서 · 두 가지를 · 얻다.

5 다음 중 '일거양득'을 한 친구는 누구인지 ○표를 해 보세요.

농구를 하면서 농구 실력도 키우고 키도 큰 정우	공부를 하지 않아 받아쓰기에서 좋은 점수를 받지 못한 윤성
[ ]	[ ]

6 다음 문장에서 알맞은 낱말에 ○표를 해 보세요.

[1] 호랑이 두 { 마리 / 그루 } 가 나타났습니다.

[2] 변장자는 힘이 { 아까 / 아주 } 센 사람이다.

12회 맞춤법·받아쓰기

해설편 006쪽

1단계

다음 뜻에 알맞은 낱말을 골라 빈칸에 옮겨 써 보세요.

[1] 여행 중인 사람이 잠시 묵어 지내는 곳

① 주인　　　② 여관

[2] 싸우는 일

① 외침　　　② 싸움

[3] 어떤 행동을 못하게 방해하다.

① 말리다.　　　② 끝나다.

.

2단계

2단계 12회 받아쓰기2
QR코드를 찍으면
받아쓰기 음성이
나옵니다.

불러 주는 말을 잘 듣고 빈칸을 알맞게 채워 보세요.

[1] 큰 힘을 　　　　　　 않고 잡았다.

[2] 그 　　 가 되면 잡으러 가시오.

[3] 사람들이 　　　　　　 소리

3단계

2단계 12회 받아쓰기
QR코드를 찍으면
받아쓰기 음성이
나옵니다.

불러 주는 말을 잘 듣고 띄어쓰기에 유의하여 받아 써 보세요.

[1]

힘	이	∨		∨	변							

[2]

호			∨	나				!				

[3]

			∨			∨			∨			.

시간　끝난 시간 　시 　분
1회분 푸는 데 걸린 시간 　분

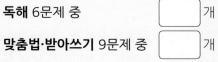

채점　독해 6문제 중 　개
맞춤법·받아쓰기 9문제 중 　개

13회 가재는 게 편*

사람들은 보통 '자신과 관련 있는 사람의 편을 들어 주기 마련'입니다. 이를 두고 '가재는 게 편'이라는 말을 씁니다. 가재와 게는 둘 다 집게발이 있어서 서로 닮았기 때문에 생긴 말입니다.

공부한 날 ☐ 월 ☐ 일   시작 시간 ☐ 시 ☐ 분

>>> QR코드를 찍으면 지문 읽기를 들을 수 있어요.
2단계 13회 본문

어느 날, 게 한 마리가 구멍을 나오다 물고기와 부딪히고 말았습니다. 하필 게의 집게발에 긁혀 상처가 난 물고기는 화가 났습니다. 그래서 꼬리로 구멍에 흙을 덮어 버리며 말했습니다.

"아니, 앞을 똑바로 보고 다녀야지!"

게도 머리끝까지 화가 났습니다. 물고기가 흙을 덮은 구멍은 바로 게가 오랫동안 만든 게의 집이었기 때문이었습니다.

"아무리 그래도 남의 집을 망가트려?!"

싸움이 길어지자 동물들이 모이기 시작했습니다. 그때 지나가던 가재도 게와 물고기의 싸움을 보게 되었습니다. 가재는 게가 치켜든 집게발을 보고 싸움에 끼어들었습니다.

"이봐, 집게발에 긁혀 봐야 얼마나 아프다고 그래?"

"어이구, **가재는 게 편**이라더니! 둘 다 집게발이라고 서로 편들어 주기야?"

동물 중 하나가 그렇게 가재를 **나무라자**① 동물들 사이에서 웃음이 터져 나왔습니다. 괜히 **머쓱해진**② 가재는 **헛기침**③을 하며 돌아섰습니다. 그리고 덩달아 **무안해진**④ 게와 물고기도 **멋쩍게**⑤ 웃으며 화해하게 되었습니다. 그렇게 물속 나라는 다시 평화로워졌습니다.

– 이솝 우화

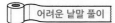 어려운 낱말 풀이 │ ① **나무라자** 잘못을 꾸짖자   ② **머쓱해진** 어색해서 흥이 식은   ③ **헛기침** 일부러 하는 기침
④ **무안해진** 어색하고 창피해서 낯이 뜨거워진 無없을 무 顔얼굴 안 -   ⑤ **멋쩍게** 어색하고 쑥스럽게

1 가재는 무엇을 보고 게의 편을 들어주었는지 골라 보세요. ─────────────── [   ]

2 다음은 이 이야기에서 등장하는 어느 동물의 말입니다. 이 동물은 무엇인지 선으로 이어
보세요.

3 다음 설명을 읽고 '가재는 게 편'의 뜻을 골라 보세요. ───────────── [   ]

> 가재와 게는 둘 다 집게발을 가지고 있다는 공통점을 가지고 있습니다. 둘이 비슷한
> 처지인 셈입니다. '가재는 게 편'이란 말은 그래서 생겨났습니다.

① 공통점이 없는 사람끼리 끌리는 법이다.

② 아무리 처지가 비슷하더라도 감싸 주는 데에는 한계가 있다.

③ 공통점을 가지고 있거나 처지가 비슷한 사람끼리는 감싸 주기 쉽다.

4 다음 중 게와 가재의 공통점을 골라 보세요. ---------------------------------- [   ]

① 집게발을 가지고 있다.

② 옆으로만 걷는다.

③ 말랑말랑한 껍질에 둘러싸여 있다.

5 '가재는 게 편'이 어울리는 상황에 ○표를 해 보세요.

동물 농장 반장 선거에서 거북이에게 투표한 **자라**	토끼와 거북이의 달리기 경주에서 공정하게 심판을 본 **부엉이**

[   ]   [   ]

6 다음 낱말과 뜻을 알맞게 선으로 이어 보세요.

나무라다 •   • 일부러 하는 기침

무안하다 •   • 잘못을 꾸짖다

헛기침 •   • 어색하고 창피해서 부끄럽다

13회 맞춤법·받아쓰기

1단계

다음 뜻에 알맞은 낱말을 골라 빈칸에 옮겨 써 보세요.

[1] 어색하고 쑥스럽게
　① 멋쩍게　　② 덩달아

[2] 싸움하던 것을 멈추고 서로 가지고 있던 안 좋은 감정을 풀어 없앰
　① 웃음　　　② 화해

[3] 상대방의 부족한 점이나 잘못을 꼬집어 말하다.
　① 무안하다.　② 나무라다.

			.

해설편 007쪽

2단계

불러 주는 말을 잘 듣고 빈칸을 알맞게 채워 보세요.

[1] 흙을 ☐☐ 구멍

[2] 집게발에 ☐☐ 봐야

[3] ☐☐ 참견을 했구나.

2단계 13회 받아쓰기2
QR코드를 찍으면
받아쓰기 음성이
나옵니다.

3단계

불러 주는 말을 잘 듣고 띄어쓰기에 유의하여 받아 써 보세요.

[1]

			∨	가	재										

[2]

	는	∨		∨											

[3]

	∨												.		

2단계 13회 받아쓰기
QR코드를 찍으면
받아쓰기 음성이
나옵니다.

시간 끝난 시간 ☐시 ☐분
1회분 푸는 데 걸린 시간 ☐분

채점 독해 6문제 중 ☐개
맞춤법·받아쓰기 9문제 중 ☐개

14회 발 벗고 나서다*

누군가를 도와줄 때 적극적으로 도와준 적이 있나요? 이처럼 남을 적극적으로 도와줄 때 우리는 '발 벗고 나서다'라는 표현을 씁니다. 즉 '적극적으로 나서다'라는 뜻입니다.

공부한 날 ☐ 월 ☐ 일 시작 시간 ☐ 시 ☐ 분

>>> QR코드를 찍으면 지문 읽기를 들을 수 있어요.

2단계 14회 본문

생쥐는 **넝쿨**①이 바닥까지 길게 자란 길을 걷고 있었습니다. 그런데 발에 무엇인가 걸리는 느낌이 들었고, 그 순간 사자의 커다란 목소리가 들렸습니다.

"내 꼬리를 밟다니, 너를 잡아먹어야겠다!"

넝쿨인 줄 알고 밟았던 것이 사자의 꼬리였던 것입니다. 사자는 한쪽 발을 들어 올리며, 생쥐를 잡으려고 했습니다.

"저를 살려 주신다면 나중에 당신이 어려움에 부닥쳤을 때, **발 벗고 나서서** 꼭 **은혜**②를 갚겠어요."

"내가 어떻게 너같이 작은 생쥐에게 도움을 받겠어?"

사자는 **코웃음**③을 쳤습니다. 말도 안 된다고 생각했지만, 벌벌 떠는

생쥐가 불쌍해서 사자는 생쥐를 용서해 주었습니다.

그러던 어느 날, 생쥐는 길을 지나다가 멀리서 사자의 울음소리를 들었습니다. 소리를 따라가 보니 사자가 사냥꾼이 친 그물에 걸려서 움직이지 못하고 있었습니다. 생쥐는 날카로운 이빨로 그물을 잘라서 사자를 구해냈습니다.

"생쥐야, 정말 고마워. 네 **덕분**④에 살았구나."

"살려 주신 은혜를 갚은 것뿐인 걸요."

생쥐와 사자는 서로 고마워하며 사이좋게 지낼 수 있었습니다.

– 이솝 우화

 어려운 낱말 풀이 | ① **넝쿨** 길게 뻗어 나가면서 다른 물건을 감기도 하고 땅바닥에 퍼지기도 하는 식물의 줄기
② **은혜** 고맙게 베풀어 주는 신세나 혜택 恩은혜 은 惠은혜 혜
③ **코웃음** 콧소리를 내며 남을 비웃는 웃음 ④ **덕분** 은혜, 도움 德덕 덕 分나눌 분

1 다음 중 생쥐가 넝쿨인 줄 알고 밟은 것은 무엇인지 골라 보세요. ──────── [   ]

2 생쥐가 은혜를 갚겠다고 했을 때, 사자가 코웃음을 친 이유는 무엇인지 빈칸에 써 보세요.

몸집이 큰 ☐☐ 는 몸집이 작은 ☐☐ 의 겉모습만 보고 은혜를

갚지 못할 것이라고 생각해서 코웃음을 쳤습니다.

3 다음 빈칸에 공통으로 들어갈 말을 골라 보세요. ──────── [   ]

> • 사자가 그물에 ☐☐☐ .
>
> • 수민이는 친구의 숙제를 몰래 베끼다가 선생님께 ☐☐☐ .
>
> • 동하가 감기에 ☐☐☐ .

① 주웠다   ② 지났다   ③ 걸렸다

4 다음 문장의 밑줄 친 부분과 비슷한 뜻을 가진 말을 골라 보세요. ·················· [   ]

> 생쥐는 사자가 어려움에 부닥쳤을 때, **발 벗고 나서서** 꼭 돕겠다고 말했습니다.

① 적극적으로 나서서

② 모른 척하고 지나치며

③ 신발을 벗어두고 나가서

5 '발 벗고 나서다'와 어울리는 친구를 골라 ○표를 해 보세요.

친구들의 어려운 일을 항상 적극적으로 돕는 **희윤**	놀이터에서 자주 신발을 벗고 노는 **동현**
[ ]	[ ]

6 다음에서 설명하는 낱말은 무엇인지 이야기 속에서 찾아 써 보세요.

> • **뜻**: 고맙게 베풀어 주는 신세나 혜택
>
> • **예시**: ① 5월 15일에 선생님께 〈스승의 [ ][ ]〉 노래를 불러드렸다.
>
> ② 정말 감사합니다. 이 [ ][ ] 에 꼭 보답하겠습니다.

→ [ ][ ]

14회 맞춤법·받아쓰기

1 단계

다음 뜻에 알맞은 낱말을 골라 빈칸에 옮겨 써 보세요.

[1] 그물 따위에 막히거나 잡히다.

　① 잘리다.　　② 걸리다.

[2] 어떤 것 위에 발을 올려놓고 누르다.

　① 걷다.　　② 밟다.

[3] 고맙게 베풀어 주는 신세나 혜택

　① 용서　　② 은혜

2 단계

2단계 14회 받아쓰기2
QR코드를 찍으면
받아쓰기 음성이
나옵니다.

불러 주는 말을 잘 듣고 빈칸을 알맞게 채워 보세요.

[1] 발 ☐☐ 나서다.

[2] 은혜를 ☐☐ 생쥐

[3] ☐☐ 에 걸리다.

3 단계

2단계 14회 받아쓰기
QR코드를 찍으면
받아쓰기 음성이
나옵니다.

불러 주는 말을 잘 듣고 띄어쓰기에 유의하여 받아 써 보세요.

[1] | | | ∨ | | | ∨ | 생 | 쥐 | | | | | |

[2] | | 까 | 지 | ∨ | | | ∨ | | 쿨 | | | |

[3] | | | | ∨ | | | ∨ | | | | | |

시간　끝난 시간 ☐ 시 ☐ 분

1회분 푸는 데 걸린 시간 ☐ 분

채점　독해 6문제 중 ☐ 개

맞춤법·받아쓰기 9문제 중 ☐ 개

사자성어 어떤 일에 대한 교훈이나 일어난 까닭을 한자 네 자로 표현한 말

무용지물(無 用 之 物)*

없을무 쓸용 ~의지 물건물

'무용지물(無用之物)'이라는 말은 '없다'를 뜻하는 한자 무(無)와 '쓰다'를 뜻하는 한자 용(用), 그리고 '물건'을 뜻하는 한자인 물(物)이 합쳐진 사자성어입니다. 즉 '아무 소용이 없는 물건이나 아무짝에도 쓸데없는 사람'을 뜻하는 말입니다.

공부한 날 ☐ 월 ☐ 일 시작 시간 ☐ 시 ☐ 분

>>> QR코드를 찍으면 지문 읽기를 들을 수 있어요.

2단계 15회 본문

어떤 마을에 부자가 살았습니다. 욕심 많은 부자는 일꾼에게 달랑 빵 한 개를 던져 주며 하루 종일 일을 시켰습니다.

그러던 어느 날, 마을에 비가 쏟아지기 시작했습니다. 이틀이 지나고 삼일이 지나도 비는 그치지 않고 더욱 거세게 내렸습니다. 논밭이 빗물에 잠기고 방 안에까지 물이 차기 시작하자, 마을 사람들은 먹을 것만 챙겨 들고 급하게 마을에 있는 큰 산을 올랐습니다. 일꾼도 그동안 모아둔 빵을 챙겨 산꼭대기로 향했습니다. 그러나 부자는 황금만 몽땅 챙겨 산을 올랐습니다.

산꼭대기에 도착한 부자는 슬슬 배가 고파졌습니다.

"자네, 이 황금 한 덩이와 빵 하나를 **맞바꾸지**
않겠나?①"

"싫습니다."

"그럼 황금 두 덩이와 빵 하나를
바꾸는 것은 어떤가."

"싫습니다."

"아니, 대체 그 빵이 뭐기에 황금을 **마다하는 거야**②?"

"온 마을이 물에 잠긴 마당에 황금이 다 무슨 **소용이겠습니까**③. 먹을 수도 없는 황금은 **무용지물***일 뿐이지요."

부자는 결국 가진 황금을 일꾼에게 모두 준 후에야 빵을 하나 얻을 수 있었고, 일꾼은 **홍수**④가 끝난 뒤 황금을 팔아 큰 부자가 되었답니다.

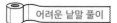

어려운 낱말 풀이 ① **맞바꾸지 않겠나** 서로 바꾸지 않겠나 ② **마다하는 거야** 거부하는 거야

③ **소용이겠습니까** 쓸모가 있겠습니까 所바 소 用쓸 용 -

④ **홍수** 비가 많이 와 강이나 댐 등이 넘치는 난리 洪큰물 홍 水물 수

1 이 이야기는 어떤 내용인지 빈칸을 알맞게 채워 완성해 보세요.

욕심을 부리던 부자가 결국 ☐ 하나를 얻기 위해 일꾼에게 ☐☐ 을

모두 건네주는 내용입니다.

2 일꾼은 '황금과 빵을 하나씩 맞바꾸자'는 부자의 말을 왜 거절했는지 골라 보세요.
─── [   ]

① 빵이 너무 맛있어서 더 비싸게 팔려고

② 산꼭대기에서는 먹을 것이 아니면 쓸모가 없어서

③ 자신에게 못되게 군 부자에게 복수하려고

3 다음 사건을 일어난 순서에 맞게 번호를 써 보세요.

비가 그치지 않아 마을에 홍수가 납니다.	일꾼이 황금을 팔아 부자가 됩니다.	부자가 일꾼에게 빵 한 개를 주면서 일을 시킵니다.

[   ]   [   ]   [   ]

3주 15회

해설편 0 0 8 쪽

4 다음 말풍선을 읽고 같은 사람이 말한 것끼리 선으로 이어 보세요.

먹지 못하는 것은
산속에서 무용지물일 거야.
빵이나 잔뜩 챙겨 가야겠어. •

• 먹지도 못하는
황금만 잔뜩 챙겨 오다니……
내가 어리석었어.

다른 건 몰라도
제일 비싼 황금은
꼭 챙겨 가야지. •

• 빵 하나로
이렇게 부자가 되다니,
난 정말 행운아야!

5 말주머니 속 빈칸에 알맞은 낱말을 써 보세요.

날씨가 이렇게 활짝 개다니!
내가 가져온 우산은
□ □ □ □ 이네.

6 다음 중 '무용지물'의 뜻으로 알맞은 것을 골라 보세요. ------------------------------ [   ]

① 꼭 필요한 것

② 있으면 좋은 것

③ 아무 쓸모가 없는 것

1
단계

다음 뜻에 알맞은 낱말을 골라 빈칸에 옮겨 써 보세요.

[1] 비가 많이 와 강이나 댐 등이 넘치는 난리

　　① 마당　　　② 홍수

[2] 적거나 하나만 있는 모양

　　① 슬슬　　　② 달랑

[3] 아침부터 저녁까지의 동안

　　① 종일　　　② 이틀

2
단계

불러 주는 말을 잘 듣고 빈칸을 알맞게 채워 보세요.

2단계 15회 받아쓰기2
QR코드를 찍으면
받아쓰기 음성이
나옵니다.

[1] ☐☐ 이 빗물에 잠기고

[2] ☐☐ 챙기다.

[3] 왜 빵을 ☐☐☐☐ 거야?

3
단계

불러 주는 말을 잘 듣고 띄어쓰기에 유의하여 받아 써 보세요.

2단계 15회 받아쓰기
QR코드를 찍으면
받아쓰기 음성이
나옵니다.

[1] | 거 | 세 | 게 | ∨ | | | | | ∨ | | | | |

[2] | | | | | | 의 | ∨ | | 와 | ∨ | | | |

[3] | | | | ∨ | | | ∨ | | | | | |

시간　**끝난 시간** ☐ 시 ☐ 분

1회분 푸는 데 걸린 시간 ☐ 분

채점　**독해** 6문제 중　☐ 개

맞춤법·받아쓰기 9문제 중　☐ 개

발과 관련된 관용 표현

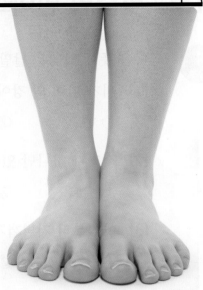

하루 종일 걸어 다닐 때 우리 몸에서 가장 바쁘게 일하는 신체 부위는 바로 발입니다.
그래서인지 우리말 표현에서 발은 어딘가로 가거나 무언가를 바삐 하는 모습에
빗대어 쓰이곤 합니다.

[발이 넓다]

: 아는 사람이 많고 활동 범위가 넓다

반의 모든 학생들과 친하게 지내고, 동아리 활동을 하고, 학교 밖에서
봉사 활동까지 하는 친구가 있다면 그 친구는 정말 많은 사람들과 알고
지낼 것입니다. 이런 친구를 가리켜 발이 넓은 사람이라고 표현합니다.

📰 수영이는 **발이 넓어서** 학교 안에 모르는 사람이 없다.
　　　　　└ 아는 사람이 많아서

[발이 닳다]

: 매우 바쁘게 많이 돌아다니다

닳는다는 것은 너무 오래 써서 어떤 물건이 낡거나 줄어든다는 뜻입니다. 그런데 발이 닳아버릴 만큼
걸어다녔다면 얼마나 바쁘게 돌아다닌 걸까요? 이처럼 발이 닳을 정도로 뛰어다닌다는 것은 매우 바쁘다는
뜻입니다.

📰 현성이는 친구가 어려움에 처하면 **발이 닳도록** 뛰어다니며 돕는다.
　　　　　　　　　　　└ 매우 바쁘게

[발을 끊다]

: 오고 가지 않거나 관계를 끊다

두 사람이 만나기 위해서는 발을 움직여 서로에게 가야 할 것입니다. 여기서 발은 사람과 사람 사이의 관계를
뜻하거나, 어떤 장소를 방문하는 것을 의미합니다. 따라서 발을 끊는다는 것은 상대방과 더 이상 만나지
않거나 어떤 장소에 더는 가지 않는다는 것을 뜻하는 표현입니다.

📰 지혜는 피씨방을 좋아하지만 시험 기간이 되자 공부를 하기 위해 **발을 끊었다.**
　　　　　　　　　　　　　　　　　　　　　└ 가지 않았다.

4주차

회차	영역	학습 내용	학습계획일	맞은 문제수
16회	속담	**호랑이도 제 말 하면 온다** 누군가에 대해 말하고 있는데 정말 그 사람이 나타나서 당황한 경험이 있나요? 그런 상황을 두고 '**호랑이도 제 말 하면 온다**'라고 한답니다. 이 말은 '**자리에 없는 사람을 흉보거나 비방하지 말라**'는 속뜻을 가지고 있습니다.	월 일	독해 6문제 중 ___개 맞춤법·받아쓰기 9문제 중 ___개
17회	관용어	**귀가 번쩍 뜨이다** 어떤 말을 듣고 순간 마음이 혹한 적 있나요? 그런 경우에 '**귀가 번쩍 뜨이다**'라고 합니다. 이 말은 '**들리는 소리에 선뜻 마음이 끌리다**'라는 뜻입니다.	월 일	독해 6문제 중 ___개 맞춤법·받아쓰기 9문제 중 ___개
18회	사자성어	**천방지축(天方地軸)** 어떤 친구가 여기저기 돌아다니면서 뭐든 엉망진창으로 만들어 놓는다고 생각해 보세요. 그런 경우에 '**천방지축(天方地軸)**'이라는 표현을 쓴답니다. 이 말은 '**하늘과 땅이 어딘지 모를 정도로 함부로 행동한다**'는 뜻입니다.	월 일	독해 6문제 중 ___개 맞춤법·받아쓰기 9문제 중 ___개
19회	속담	**달걀로 바위 치기** 달걀로는 아무리 바위를 쳐 봐야 달걀만 깨질 뿐, 바위는 꿈쩍도 하지 않습니다. '**달걀로 바위 치기**'라는 속담은 '**맞서더라도 도저히 이길 수 없는 경우**'를 빗대어 이르는 말입니다.	월 일	독해 6문제 중 ___개 맞춤법·받아쓰기 9문제 중 ___개
20회	관용어	**코가 납작해지다** 망신을 당한 사람을 보고 '**코가 납작해지다**'라는 말을 씁니다. 즉, '**몹시 무안을 당하거나 기가 죽게 된다**'는 뜻입니다.	월 일	독해 6문제 중 ___개 맞춤법·받아쓰기 9문제 중 ___개

16회 호랑이도 제 말 하면 온다*

누군가에 대해 말하고 있는데 정말 그 사람이 나타나서 당황한 경험이 있나요? 그런 상황을 두고 **'호랑이도 제 말 하면 온다'**라고 한답니다. 이 말은 '**자리에 없는 사람을 흉보거나 비방하지 말라**'는 속뜻을 가지고 있습니다.

공부한 날 ☐ 월 ☐ 일 시작 시간 ☐ 시 ☐ 분

>>> QR코드를 찍으면 지문 읽기를 들을 수 있어요.

2단계 16회 4쇄

옛날 어느 마을에 한 어머니가 우는 아이를 달래고 있었습니다. 하지만 아이는 좀처럼 울음을 그치지 않았습니다.

"어서 뚝 그치자, 뚝! 착하지? 안 그치면 귀신 나온다!"

"응애, 응애"

"너, 자꾸 울면 네 울음 소리를 듣고 호랑이가 찾아올 수도 있다!"

하지만 아이는 좀처럼 울음을 그치지 않았습니다. 그때였습니다. **호랑이도 제 말 하면 온다더니*** 정말로 배고픈 호랑이가 아이의 울음소리를 듣고는 아이를 잡아먹으려고 문 앞에까지 찾아왔습니다. 어머니는 밖에 호랑이가 온 줄은 꿈에도 생각 못하고 계속해서 우는 아이에게 말했습니다.

"녀석, 호랑이가 온다 해도 울음을 그치지 않네? 정말 호랑이가 무섭지도 않니?"

하지만 아이의 울음은 계속되었습니다.

'뭐야, 저 아이는 내가 얼마나 무서운 줄 모르는 거야? 건방진 녀석. 지금 당장 들어가서 잡아먹어야겠어!'

호랑이는 문 밖에서 입맛을 다시며 생각했습니다.

– 우리나라 전래 동화 「호랑이와 곶감」 중 (17회에서 계속됩니다.)

1 이 이야기에 나오지 <u>않는</u> 것을 찾아 ○표를 해 보세요.

[   ]   [   ]   [   ]   [   ]

4주 16회

해설편 008쪽

2 호랑이가 아이의 집에 온 까닭은 무엇인지 골라 보세요. ────────── [   ]

① 먹을 것을 나누어 주려고

② 배가 고파 아이를 잡아먹으려고

③ 겨울에 추위를 피해 잠을 잘 곳을 찾기 위해서

3 어머니의 말을 듣고 아이는 어떤 행동을 했는지 알맞게 선을 이어 보세요.

자꾸 울면 호랑이가 널 잡아가버린다! •	• 응애응애 울었습니다.
	• 방긋방긋 웃었습니다.

4 다음은 '호랑이도 제 말 하면 온다'의 뜻을 설명한 글입니다. 빈칸에 들어갈 알맞은 말은 무엇인지 골라 보세요. ─────────────────────────────── [   ]

> '호랑이도 제 말 하면 온다'는 누군가에 대한 이야기를 하는데 정말로 그 사람이
>
> ☐☐☐☐ 경우를 이르는 말입니다. 따라서 누군가가 자리에 없다고
>
> 그 사람에 대해 함부로 이야기해서는 안 될 것입니다.

① 사라지는   ② 나타나는   ③ 당황하는

5 다음 친구 중 '호랑이도 제 말 하면 온다'의 표현을 바르게 쓴 친구의 이름을 써 보세요.

> **유정**: 호랑이도 제 말 하면 온다더니 밥 먹은 지 얼마 안 되어서 또다시 배가 고프기
> 시작했어.
>
> **선영**: 호랑이도 제 말 하면 온다더니 선생님 얘기를 하고 있을 때 진짜 선생님께서 딱
> 나타나시지 뭐야?
>
> **미나**: 호랑이도 제 말 하면 온다더니 우산을 쓰고 걷고 있는데 갑자기 비가 그치기
> 시작했어.

→ ☐☐

6 뜻이 비슷한 낱말끼리 선으로 이어 보세요.

정말	•		•	지금 바로
마을	•		•	진짜
당장	•		•	동네

1 단계

다음 뜻에 알맞은 낱말을 골라 빈칸에 옮겨 써 보세요.

[1] 이만저만하거나 어지간해서는

① 좀처럼   ② 얼마나

[2] 눈앞에 닥친 바로 이 시간

① 당장   ② 자꾸

[3] 잘난 체하거나 남을 낮추어 보듯 행동하다.

① 건방지다.   ② 찾아오다.

2 단계

불러 주는 말을 잘 듣고 빈칸을 알맞게 채워 보세요.

[1] ▢▢▢▢ 울었다.

[2] ▢▢ 을 터뜨리다.

[3] ▢▢ 을 다시다.

2단계 16회 받아쓰기2
QR코드를 찍으면 받아쓰기 음성이 나옵니다.

3 단계

불러 주는 말을 잘 듣고 띄어쓰기에 유의하여 받아 써 보세요.

[1] | 안 | ∨ | 그 | 치 | 면 | ∨ | | | ∨ | | | | ! | |

[2] | | | ∨ | | 를 | ∨ | | 는 | ∨ | | |

[3] | | | | ∨ | | ∨ | | ∨ | | | ∨ | | . |

2단계 16회 받아쓰기
QR코드를 찍으면 받아쓰기 음성이 나옵니다.

시간 끝난 시간 ▢시 ▢분
1회분 푸는 데 걸린 시간 ▢분

채점 독해 6문제 중 ▢개
맞춤법·받아쓰기 9문제 중 ▢개

어떤 말을 듣고 순간 마음이 혹한 적 있나요? 그런 경우에 '귀가 번쩍 뜨이다'라고 합니다. 이 말은 '들리는 소리에 선뜻 마음이 끌리다'라는 뜻입니다.

공부한 날 ☐월 ☐일 시작 시간 ☐시 ☐분

>>> QR코드를 찍으면 지문 읽기를 들을 수 있어요.

2단계 17회 본문

호랑이가 문을 부수고 들어가려 할 때였습니다.

"아휴, 그럼 여기 곶감이다! 곶감! 이제 뚝 그치겠니?"

그러자 놀라운 일이 벌어졌습니다. 방금 전까지만 해도 계속 울던 아이가 '곶감'이라는 말에 **귀가 번쩍 뜨인*** 듯 울음을 뚝 그쳤기 때문입니다.

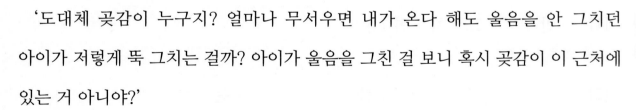

'아니, 곶감이 도대체 누군데 아이가 울음을 뚝 그친 거지?'

호랑이는 깜짝 놀랐습니다.

"귀신도 호랑이도 소용없더니, 곶감에는 뚝 그치는구나. 역시 애가 울 때는 곶감만한 게 없다니까?"

아이의 어머니가 하는 말을 듣자 호랑이는 더욱 **혼란**①스러워졌습니다.

'도대체 곶감이 누구지? 얼마나 무서우면 내가 온다 해도 울음을 안 그치던 아이가 저렇게 뚝 그치는 걸까? 아이가 울음을 그친 걸 보니 혹시 곶감이 이 근처에 있는 거 아니야?'

호랑이는 곶감이 무서운 괴물이라고 생각하고는 겁에 질린 나머지 산 속으로 **부리나케**② 도망갔습니다.

– 우리나라 전래 동화 「호랑이와 곶감」 중 (초등국어 2-2 '1, 장면을 떠올리며')

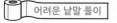 어려운 낱말 풀이 | ① **혼란** 뒤죽박죽이 되어 정신없음 混섞을 혼 亂어지러울 란 | ② **부리나케** 무척 서둘러서 급하게

1 문을 부수려던 호랑이가 깜짝 놀란 까닭은 무엇인지 골라 보세요. ---------------- [　　　]

① 아이가 더 크게 울어서

② 갑자기 아이가 울음을 그쳐서

③ 아이의 어머니가 자신이 왔다는 것을 눈치채서

4
주
17
회

해설편
009
쪽

2 아이는 어머니가 뭐라고 말했을 때 갑자기 조용해졌는지 골라 ○표를 해 보세요.

[1] 호랑이가 진짜로 나타났다! --- [　　　]

[2] 여기 곶감이다, 곶감! -- [　　　]

[3] 계속 울면 정말 혼난다? --- [　　　]

3 호랑이가 생각한 '곶감'은 어떤 모습이었는지 골라 ○표를 해 보세요.

[　　　　]　　　　　　　　　　　[　　　　]

4 '귀가 번쩍 뜨이다'라는 표현은 어떤 뜻인지 골라 보세요. ·········· [   ]

① 머리끝까지 화가 나다

② 들리는 말에 마음이 혹하고 끌린다

③ 너무 놀라워 아무 말도 할 수 없다

5 다음 그림 중 '귀가 번쩍 뜨이다'에 가장 어울리는 그림에 ○표를 해 보세요.

[   ]   [   ]   [   ]

6 빈칸에 공통으로 들어갈 말은 무엇인지 골라 보세요. ·········· [   ]

- 아이는 울음을 ☐☐☐.

- 드디어 비가 ☐☐☐.

- 그 약속은 그저 말로만 ☐☐☐.

① 심었다   ② 먹었다   ③ 그쳤다

17회 맞춤법·받아쓰기

1단계

다음 뜻에 알맞은 낱말을 골라 빈칸에 옮겨 써 보세요.

[1] 물건을 두드리거나 깨뜨려 못 쓰게 만들다.

　　① 그치다.　　② 부수다.

[2] 가까운 곳

　　① 방금　　　② 근처

[3] 짐작대로 어쩌면

　　① 혹시　　　② 더욱

2단계

2단계 17회 받아쓰기2

QR코드를 찍으면
받아쓰기 음성이
나옵니다.

불러 주는 말을 잘 듣고 빈칸을 알맞게 채워 보세요.

[1] 그것은 　　　　　.

[2] 　　　 누구야?

[3] 무서운 　　

3단계

2단계 17회 받아쓰기

QR코드를 찍으면
받아쓰기 음성이
나옵니다.

불러 주는 말을 잘 듣고 띄어쓰기에 유의하여 받아 써 보세요.

[1] 　　　　∨ 호 랑 이 　　　　　

[2] 　　 케 ∨ 　　　 다 .

[3] 　　　　∨　　　∨　　　

채점　**독해** 6문제 중　　개

　　맞춤법·받아쓰기 9문제 중　　개

사자성어

어떤 일에 대한 교훈이나 일어난 까닭을 한자 네 자로 표현한 말

천방지축(天 方 地 軸)*

하늘 천 방향 방 땅 지 날뛸 축

어떤 친구가 여기저기 돌아다니면서 뭐든 엉망진창으로 만들어 놓는다고 생각해 보세요. 그런 경우에 '천방지축(天方地軸)'이라는 표현을 쓴답니다. 이 말은 '하늘과 땅이 어딘지 모를 정도로 함부로 행동한다'는 뜻입니다.

공부한 날 ☐ 월 ☐ 일 시작 시간 ☐ 시 ☐ 분

>>> QR코드를 찍으면 지문 읽기를 들을 수 있어요.

2단계 18회 본문

　　옛날에 개 한 마리가 있었습니다. 그 개는 사람만 보면 짖고, 때로는 물기까지 해서 주인이 골치①를 이만저만 앓는② 것이 아니었습니다. 결국 보다 못한③ 주인은 개한테 방울을 달아 주기로 했습니다.

　　"네가 천방지축*으로 날뛰니④, 차라리 다른 사람들이 조심하는 편이 낫겠다."

　　사고뭉치 개는 방울을 달고 우쭐해졌습니다⑤. 주인이 자신을 특히 예뻐하기 때문에 방울을 달아 주었다고 생각했기 때문이었습니다. 사고뭉치 개는 방울을 뽐내려고⑥ 이곳저곳을 다니며 방울 소리를 내곤 했습니다.

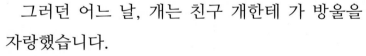

　　그러던 어느 날, 개는 친구 개한테 가 방울을 자랑했습니다.

　　"이 방울을 봐, 주인님이 나를 무척 사랑하신다는 뜻이지."

　　그러나 친구 개는 코웃음을 칠⑦ 뿐이었습니다.

　　"그 방울은 너를 사랑해서 달아 준 것이 아니라, 네가 하도 천방지축*이라 달아 준 것뿐이야. 네가 길을 나서면 방울이 울려 다른 사람들이 슬금슬금⑧ 피하지 않던?"

　　그 말을 듣고 사고뭉치⑨ 개는 부끄러움에 고개를 숙이고 말았습니다.

　　– 이솝 우화

어려운 낱말 풀이

① 골치 머리, 특히 어려운 문제나 고민거리가 있을 때 '골치를 앓다' 등으로 쓰임
② 앓는 병이나 걱정으로 괴로움을 겪는 ③ 보다 못한 지켜보다가 도저히 안 되겠다고 생각한
④ 날뛰니 거칠게 함부로 행동하니 ⑤ 우쭐해졌습니다 자신이 자랑스러워 기세가 올랐습니다
⑥ 뽐내려고 보라는 듯 자랑하려고 ⑦ 코웃음을 칠 가소로워 코웃음이 나올
⑧ 슬금슬금 남이 알아차리지 못하도록 눈치를 살펴 가면서 슬며시
⑨ 사고뭉치 늘 사고나 말썽을 일으키는 사람을 낮잡아 이르는 말 事일 사 故일 고 -

1 주인은 왜 사고뭉치 개한테 방울을 달아 주었나요? 알맞은 낱말에 ○표를 해 보세요.

사고뭉치 개가 { 자꾸 / 전혀 } 사고를 쳐서, 다른 사람들이 방울 소리를

듣고 { 다가오기를 / 피해 가기를 } 바랐기 때문입니다.

2 빈칸에 들어갈 말을 [보기]에서 골라 알맞게 채워 보세요.

[보기]	우쭐	피곤	거짓	진실

사고뭉치 개는 주인이 방울을 달아 주자 ☐☐ 해졌습니다. 그 후

이리저리 방울을 뽐내고 다녔지만, 친구 개에게서 ☐☐ 을 들은 뒤로는

부끄러워 고개를 들 수 없었습니다.

3 다음 설명을 읽고, '천방지축'과 비슷한 뜻을 가진 낱말을 골라 보세요. ┄┄┄ [　　　]

'천방지축'이란, 하늘과 땅이 어딘지 모를 정도로 함부로 행동한다는 말입니다. 하늘과 땅이 어디인지 모를 정도라면 아무것도 모른다는 뜻인데, 그럼에도 함부로 행동한다면 사고가 일어나기 마련입니다.

① 거짓말쟁이　　　② 사고뭉치　　　③ 골목대장

4 다음은 사고뭉치 개와 친구 개의 대화입니다. 빈칸에 알맞은 말을 채워 보세요.

이 방울을 봐!
주인님이 나를 무척
아끼신다는 증거야.

너는 평소에 사람만
보면 사납게 짖고, 물기까지 하지 않았니?
네가 함부로 행동하는
☐☐☐☐ 이라
방울을 달아 준 것뿐이야.

5 다음 중 밑줄 친 부분을 대신해 '천방지축'을 올바르게 쓴 문장에 〇표, 잘못 쓴 문장에 ✕표를 해 보세요.

[1] "오늘 밤은 <u>조용히</u> 지나가겠어."

　　　➡ 천방지축 -- [　　　]

[2] "그 개는 하도 <u>사고뭉치라</u> 방울이라도 달아 줘야겠어."

　　　➡ 천방지축이라 -- [　　　]

6 다음 표현과 뜻을 보고, 빈칸에 공통으로 들어갈 말을 써 보세요.

| ・☐☐ 가 아프다.: 어떤 일이나 문제를 해결하기 성가시고 어렵다. |
| ・☐☐ 를 앓다.: 어떻게 해야 할지 몰라 고민으로 머리가 아프다. |

➡ ☐ㄱ☐ ☐ㅊ☐

1 단계

다음 뜻에 알맞은 낱말을 골라 빈칸에 옮겨 써 보세요.

[1] 의기양양하여 자랑하다.

　① 우쭐하다.　② 예뻐하다.

[2] 보통과 다르게 더

　① 하도　　　② 특히

[3] 개 따위가 목청으로 소리를 내다.

　① 달다.　　② 짖다.

2 단계

2단계 18회 받아쓰기2

QR코드를 찍으면 받아쓰기 음성이 나옵니다.

불러 주는 말을 잘 듣고 빈칸을 알맞게 채워 보세요.

[1] 보다 [　][　] 하는 말이야.

[2] 방울을 [　][　] 주었다.

[3] 그러는 편이 [　][　][　].

3 단계

2단계 18회 받아쓰기

QR코드를 찍으면 받아쓰기 음성이 나옵니다.

불러 주는 말을 잘 듣고 띄어쓰기에 유의하여 받아 써 보세요.

[1] | 골 | 치 | 를 | ∨ | | | | | | . | | | | | |

[2] | | 을 | ∨ | | 는 | ∨ | | | | | | | |

[3] | | | | | | | ∨ | | | . | | | | |

시간　끝난 시간 [　]시 [　]분　　채점　독해 6문제 중 [　]개

1회분 푸는 데 걸린 시간 [　]분　　맞춤법·받아쓰기 9문제 중 [　]개

속담 옛날부터 전해 오는 지혜를 간단하고 깔끔하게 표현한 짧은 글

19회 달걀로 바위 치기*

달걀로는 아무리 바위를 쳐 봐야 달걀만 깨질 뿐, 바위는 꿈쩍도 하지 않습니다. **'달걀로 바위 치기'**라는 속담은 **'맞서더라도 도저히 이길 수 없는 경우'**를 빗대어 이르는 말입니다.

공부한 날 ☐ 월 ☐ 일 시작 시간 ☐ 시 ☐ 분

>>> QR코드를 찍으면 지문 읽기를 들을 수 있어요.

2단계 19회 본문

먼 옛날, **이스라엘**①의 이웃 나라가 이스라엘을 침략했습니다. 그런데 이스라엘 병사들은 제대로 싸우지 못하고 벌벌 떨고만 있었습니다. 그 모습을 본 **양치기**② 소년이 군인에게 그 까닭을 물었습니다. 그러자 그중 한 군인이 대답했습니다.

"저 거인이 보이니? 골리앗이라는 이웃 나라의 장군이야. 저 크고 무시무시한 장군이 우리에게 **결투**③를 하자고 했단다. 그런데 저 장군과 진짜로 결투를 하게 될까 봐 다들 무서워 떨고 있어."

"그렇다면 제가 그 결투에 나가겠습니다."

사람들은 **달걀로 바위 치기***라며 양치기 소년을 말렸습니다. 양치기 소년의 덩치는 골리앗에 비해 무척 작았기 때문이었습니다. 그러나 양치기 소년은 돌멩이 다섯 개를 들고 골리앗 앞으로 갔습니다.

자신보다 한참 작은 꼬마가 덤비는 모습에 골리앗이 화를 내며 말했습니다.

"너는 **달걀로 바위 치기***라는 말도 모르느냐? 지금이라도 그냥 돌아가거라."

"나는 너와 결투하기 위해 나온 것이다. 덤벼라!"

"조그만 녀석이 겁이 없군. 절대 봐주지 않겠다!"

골리앗은 양치기 소년에게 달려들었습니다. 양치기 소년은 **침착하게**④ 돌멩이를 골리앗에게 던졌습니다. 그러자 "딱!"하는 소리와 함께 골리앗의 이마에 돌멩이가 제대로 맞았습니다. 골리앗은 쓰러졌습니다.

이 양치기 소년의 이름은 다윗이었습니다. 그날 이후로 다윗은 많은 전투에서 용감한 모습을 보여 주었습니다. 그렇게 양치기 소년이었던 다윗은 이스라엘의 왕이 되어 많은 백성들의 **존경**⑤을 받았습니다.

– 성경 이야기

1 이스라엘 군인들이 떨고만 있었던 까닭을 골라 보세요. .... [　　　]

① 다윗이 무서워서

② 날이 너무 추워서

③ 골리앗과 결투를 하게 될까 무서워서

2 다윗과 골리앗에 대해 알맞게 설명한 것을 찾아 각각 2개씩 선으로 이어 보세요.

↑ 다윗

↑ 골리앗

• 덩치가 크다.

• 이스라엘의 왕이 된다.

• 덩치는 작지만 용감하다.

• 돌멩이를 맞고 쓰러진다.

3 이 이야기에서 다윗은 '달걀로 바위 치기'라는 말을 들었습니다. '달걀'과 '바위'는 누구를 말하는 것이었는지 각각 알맞게 선으로 이어 보세요.

달걀 로 바위 치기

골리앗　　　　　　　　다윗

어려운 낱말 풀이

① **이스라엘** 아시아 서쪽에 있는 나라로, 성경에 적힌 것 중 많은 일이 이 나라에서 일어남

② **양치기** 양을 돌보는 사람 羊양 양 -　③ **결투** 승패를 가리기 위한 싸움 決터질 결 鬪싸움 투

④ **침착하게** 들뜨지 않고 차분하게 沈가라앉을 침 着붙을 착 -　⑤ **존경** 우러르고 받듦 尊높일 존 敬공경할 경

4 다음 중 '달걀로 바위 치기'는 무슨 뜻인지 골라 ○표를 해 보세요.

달걀로 바위를 부술 수 없듯 불가능한 일	달걀을 바위에 깨트리듯 간단하고 쉬운 일

[   ]   [   ]

5 다음 말주머니에서 밑줄 친 대사를 바르게 이해한 친구를 골라 보세요. ·············· [   ]

너는 <u>달걀로 바위 치기</u>라는
말도 모르느냐? 안타깝지만
결투이니 봐주지는 않겠다!

① **소민**: 덩치가 작은 다윗이 골리앗에게 덤벼 봤자 이길 수 없다는 뜻으로 한 말이겠구나.

② **준성**: 돌멩이를 들고 오는 것은 비겁하다는 뜻으로 한 말이겠구나.

③ **소정**: 항복할 테니 결투를 그만두자는 뜻이겠구나.

6 다음 밑줄 친 낱말과 비슷한 의미의 낱말을 [보기]에서 찾아 써 보세요.

[보 기]	몸집	계란

[1] **달걀**로 바위 치기

→

[2] 다윗의 **덩치**는 골리앗에 비해 한참 작았기 때문이었습니다.

→

1단계 다음 뜻에 알맞은 낱말을 골라 빈칸에 옮겨 써 보세요.

[1] 우러르고 받듦

① 존경　　② 용감

[2] 몸의 부피

① 꼬마　　② 덩치

[3] 승패를 결정하기 위해 벌이는 싸움

① 까닭　　② 결투

4주 19회 해설편 010쪽

2단계 불러 주는 말을 잘 듣고 빈칸을 알맞게 채워 보세요.

2단계 19회 받아쓰기2
QR코드를 찍으면 받아쓰기 음성이 나옵니다.

[1] ☐☐☐ 온다.

[2] ☐☐ 유리구슬

[3] 이마를 ☐☐☐ 맞혔다.

3단계 불러 주는 말을 잘 듣고 띄어쓰기에 유의하여 받아 써 보세요.

2단계 19회 받아쓰기
QR코드를 찍으면 받아쓰기 음성이 나옵니다.

[1] | | |로|∨| | |∨|치|기| | | | | | |

[2] | | |∨| | |의|∨| | |앗| | | |

[3] | | | | | |∨| | |∨| | | | | |

시간
끝난 시간 ☐시 ☐분
1회분 푸는 데 걸린 시간 ☐분

채점
독해 6문제 중 ☐개
맞춤법·받아쓰기 9문제 중 ☐개

둘 이상의 낱말이 오래전부터 함께 쓰이면서 본래의 뜻과 다른 뜻을 지니게 된 표현

20회 코가 납작해지다*

망신을 당한 사람을 보고 '코가 납작해지다'라는 말을 씁니다. 즉, '몹시 무안을 당하거나 기가 죽게 된다'는 뜻입니다.

공부한 날 [　]월 [　]일 시작 시간 [　]시 [　]분

>>> QR코드를 찍으면 지문 읽기를 들을 수 있어요.

2단계 20회 본문

어느 마을에 마음씨가 **고약한** **사또**가 있었습니다. 그 사또는 사람들에게 말도 안 되는 일을 시키며 괴롭히기를 좋아했습니다. 추운 겨울이 되자 사또는 **이방**을 불러 이렇게 말했습니다.

"산딸기가 먹고 싶으니 내일까지 구해 오너라."

이방이 놀라서 말했습니다.

"사또, 산딸기를 드시려면 봄까지는 기다리셔야 합니다."

그러나 사또는 계속 억지를 부렸습니다.

"어허, 내일까지 산딸기를 구해 오지 않으면 **곤장**을 때리겠다!"

집으로 돌아온 이방은 걱정에 **빠져** 그만 앓아눕고 말았습니다. 그러자 이방의 아들이 물었습니다.

"아버지, 무슨 걱정이라도 있으십니까?"

이방은 아들에게 사또의 **명령**에 대해 말해 주었습니다. 그러자 아들은 걱정하지 말라며 아버지를 위로했습니다. 다음 날 이방의 아들은 사또를 만나러 갔습니다.

"아버지께서 산딸기를 따러 갔다가 **독사**에게 물려 오실 수 없었습니다."

사또는 버럭 화를 냈습니다.

"지금 거짓말을 하는 것이냐? 한겨울에 독사가 어디 있느냐!"

그러자 이방의 아들은 이렇게 대답했습니다.

"사또 나리, 그러면 한겨울에 산딸기는 어디 있겠습니까?"

그 말을 들은 사또는 **코가 납작해져서** 아무 말도 할 수 없었습니다.

– 우리나라 전래 동화

1 다음 주어진 문장을 읽고 이 이야기의 내용과 맞으면 ○표, 틀리면 ×표를 해 보세요.

이방은 추운 날 산딸기를 구할 수 없어서 앓아눕고 말았다.

이방은 산딸기를 구하러 갔다가 정말로 독사에 물렸다.

[   ]   [   ]

2 다음 그림과 설명을 보고 빈칸에 알맞은 말을 골라 보세요. ────── [   ]

산딸기와 독사의 똑같은 점은 둘 다
[   ]이야.

① 먹으면 위험하다는 것

② 겨울에는 찾아볼 수 없다는 것

③ 사또가 이방에게 가져오라고 했다는 것

3 다음 빈칸에 공통으로 들어갈 말을 써 보세요.

• 심술쟁이 사또는 그만 [   ] 가 납작해져 버렸어.

• 감기에 걸렸더니 내 [   ] 에서 계속 콧물이 나와.

• 민주는 [   ] 가 높아서 다른 사람의 말을 잘 듣지 않으려고 해.

→ [   ]

 어려운 낱말 풀이

① **고약한** 마음 씀씀이가 나쁘고 도리에 벗어난 데가 있는

② **사또** 옛날에 마을을 다스리던 관리 使하여금 사 道길 도

③ **이방** 옛날에 사또를 옆에서 돕는 관리 吏벼슬아치 이 房방 방

④ **곤장** 옛날에 죄지은 사람의 엉덩이를 때리던 매 棍몽둥이 곤 杖지팡이 장

⑤ **명령** 윗사람이 아랫사람에게 무엇을 하게 함. 또는 그 내용 命목숨 명 令하여금 령

⑥ **독사** 이빨에 독이 있어 물리면 위험한 뱀 毒독 독 蛇뱀 사

4 사또는 왜 코가 납작해졌을까요? [보기]에서 알맞은 말을 찾아 빈칸을 채워 보세요.

[보 기]　　　　　　　　억지　　　　　　　　독사

한겨울에는 ☐☐ 가 없는 것처럼 산딸기도 없습니다. 자기도 그걸 알면서

☐☐ 를 부리던 것이 들통났기 때문에 사또는 그만 기가 죽고 말았습니다.

5 다음 친구들의 대화를 읽고, 빈칸에 알맞은 말을 골라 보세요. ┈┈┈┈┈┈┈┈┈┈ [　　　　]

> **정수:** 코가 납작해졌다는 말은 정말 웃겨. 왜 하필 눈도, 귀도, 입술도 아닌 코가 납작해졌다는 걸까?
>
> **진희:** 코는 우리 얼굴에서 가장 튀어나온 부분이잖아. 그러니까 사람의 자신감이나 기운이 코에 담겨 있다고 생각했을 거야.
>
> **정수:** 그럼 '코가 납작해졌다'는 관용어는 그런 코가 눌렸다는 말이니까
>
> ☐☐☐☐☐☐☐☐ 이라고 할 수 있겠구나.

① 부끄러운 일을 당하거나 기가 죽었다는 뜻
② 남의 말을 절대로 듣지 않고 고집이 세다는 뜻
③ 잘난 척을 하며 거만하게 행동한다는 뜻

6 다음 이야기를 읽고, 빈칸에 알맞은 말을 써 보세요.

> 현수는 항상 시험을 볼 때마다 재호보다 한 문제씩 더 틀리곤 했습니다. 그래서 재호는 현수에게 늘 잘난 척을 했습니다. 재호를 꼭 이기고 싶어진 현수는 이렇게 생각했습니다.
> "다음 시험에는 더 열심히 공부해야지. 그래서 재호보다 한 문제 더 맞아서 재호의 ☐ 를 ☐☐ 하게 만들어 줄 거야!"

①단계 다음 뜻에 알맞은 낱말을 골라 빈칸에 옮겨 써 보세요.

[1] 잘 안될 일을 무리하게 기어이 해내려는 고집

　　① 걱정　　　② 억지

[2] 따뜻한 말이나 행동으로 괴로움을
　　덜어 주거나 슬픔을 달래 줌

　　① 위로　　　② 대답

[3] 화가 나서 갑자기 기를 쓰거나
　　소리를 냅다 지르는 모양

　　① 그만　　　② 버럭

②단계 불러 주는 말을 잘 듣고 빈칸을 알맞게 채워 보세요.

2단계 20회 받아쓰기2
QR코드를 찍으면
받아쓰기 음성이
나옵니다.

[1] ☐☐☐☐ 를 좋아했습니다.

[2] 임금님이 ☐☐ 했습니다.

[3] ☐☐☐ 을 하는 것이냐?

③단계 불러 주는 말을 잘 듣고 띄어쓰기에 유의하여 받아 써 보세요.

2단계 20회 받아쓰기
QR코드를 찍으면
받아쓰기 음성이
나옵니다.

[1] | 코 | 가 | ∨ | | | | | | | | | . | | | | | |

[2] | | 씨 | ∨ | | 한 | ∨ | | | | | | | | | | |

[3] | | | | ∨ | | ∨ | | | | | | | | | | |

시간 **끝난 시간** ☐시 ☐분
1회분 푸는 데 걸린 시간 ☐분

채점 **독해** 6문제 중 ☐개
맞춤법·받아쓰기 9문제 중 ☐개

✏️ 다음은 지난 한 주 동안 배웠던 표현들을 표현한 그림입니다. 알맞은 표현을 빈칸에 써 보세요.

답 _____

답 _____

답 _____

5주차

한 주간의 계획을 먼저 세워 보세요. 매일 학습을 마친 후 맞힌 문제의 개수를 쓰세요!

회차	영역	학습 내용	학습계획일	맞은 문제수
21회	사자성어	**자업자득(自業自得)** 잘못을 저지르게 된다면 언젠가 그에 대한 벌을 받습니다. 그런 경우에 '**자업자득(自業自得)**'이라고 합니다. 이 말은 '**자신이 저지른 일의 결과를 자신이 받는다**'는 뜻입니다.	월 일	독 해 6문제 중 ☐ 개 맞춤법·받아쓰기 9문제 중 ☐ 개
22회	속담	**닭 쫓던 개 지붕 쳐다본다** 개에게 쫓기던 닭이 지붕 위로 훌쩍 날아서 올라가 버렸습니다. 개는 지붕 위로 올라갈 방법이 없어서 그저 지붕만 쳐다볼 수밖에 없었습니다. '**닭 쫓던 개 지붕 쳐다본다**'는 속담은 이처럼 '**열심히 하던 일이 실패로 돌아가 어찌할 방법이 없다**'는 뜻입니다.	월 일	독 해 6문제 중 ☐ 개 맞춤법·받아쓰기 9문제 중 ☐ 개
23회	관용어	**줄행랑을 치다** 급하게 도망가는 상황을 두고 '**줄행랑을 치다**'라는 말을 씁니다. 즉 '**피하여 달아나다**'라는 뜻입니다.	월 일	독 해 6문제 중 ☐ 개 맞춤법·받아쓰기 9문제 중 ☐ 개
24회	사자성어	**횡설수설(橫說竪說)** 갑자기 당황하여 아무 말이나 막 엉뚱하게 한 적이 있나요? 그런 상황을 두고 '**횡설수설(橫說竪說)**'이라는 말을 합니다. 즉 '**알아듣기 어렵게 아무렇게나 하는 말**'이라는 뜻입니다.	월 일	독 해 6문제 중 ☐ 개 맞춤법·받아쓰기 9문제 중 ☐ 개
25회	속담	**꼬리가 길면 밟힌다** 꼬리가 긴 짐승이 음식을 훔쳐 먹다 걸렸습니다. 짐승은 빠르게 도망가려고 했지만, 긴 꼬리를 밟혀 잡히고 말았습니다. 이처럼 '**꼬리가 길면 밟힌다**'는 말은 '**아무리 남모르게 나쁜 일을 한다고 해도 오랫동안 계속하면 결국에는 들키고 만다**'는 뜻입니다.	월 일	독 해 6문제 중 ☐ 개 맞춤법·받아쓰기 9문제 중 ☐ 개

자업자득(自 業 自 得)*
스스로 자   일 업   스스로 자   얻을 득

잘못을 저지르면 언젠가 그에 대한 벌을 받습니다. 그런 경우에 '자업자득(自業自得)'이라고 합니다.
이 말은 '자신이 저지른 일의 결과를 자신이 받는다'는 뜻입니다.

공부한 날 [ ]월[ ]일 시작 시간 [ ]시[ ]분

>>> QR코드를 찍으면
지문 읽기를 들을 수 있어요.

2단계 21회 본문

어느 날 하얀 말과 검은 말이 짐을 짊어지고 시장에 가고 있었습니다. 그날따라 너무나 힘이 들었던 하얀 말이 검은 말에게 **애원**^①했습니다.

"내 짐을 조금만 들어줄 수 없을까? 너무 지쳐 곧 쓰러질 것만 같아."

그러나 검은 말은 코웃음을 칠 뿐이었습니다.

"내가 왜? 힘든 건 네 사정이잖아?"

얼마 뒤, 결국 하얀 말은 지쳐 쓰러지고 말았습니다. 하얀 말이 풀썩 쓰러지자 주인은 **난처한**^② 듯 검은 말에게 말했습니다.

"어쩔 수 없지, 하얀 말의 짐까지 네가 모두 짊어져야겠구나."

검은 말은 어쩔 수 없이 하얀 말의 짐까지 모두 짊어지게 되었습니다. 짐이 어찌나 무거웠는지, 조금만 걸었는데도 검은 말의 다리가 후들후들 떨릴 정도였습니다. 검은 말은 끙끙대며 생각했습니다.

'왜 그때 하얀 말의 부탁을 들어주지 않았을까? 만약 그때 도와주었다면 짐을 조금만 더 짊어져도 됐을 텐데……. 모두 내가 저지른 일이니, **자업자득**[*]이로구나!'

그 후, 검은 말과 하얀 말은 서로 도우며 짐을 나르게 되었습니다.

– 이솝 우화

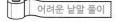 **어려운 낱말 풀이** | ① **애원** 애처롭게 사정하며 간절히 바람 哀슬플 애 願원할 원
② **난처한** 어찌해야 할지 곤란한 難어려울 난 處머무를 처 -

1 다음은 이 이야기의 내용을 간추린 것입니다. 알맞은 낱말에 ○표를 해 보세요.

{ 하얀 / 검은 } 말이 { 하얀 / 검은 } 말에게 짐을 나눠 들어 달라고 부탁했다.

↓

{ 하얀 / 검은 } 말은 코웃음을 치며 부탁을 거절했다.

↓

결국 하얀 말이 쓰러지자, 검은 말이 하얀 말의 짐을 모두 들게 되었다.

5주 21회

해설편 011쪽

2 다음 중 '자업자득'의 뜻은 무엇인지 골라 보세요. ⸺⸺⸺⸺ [   ]

① 잘못한 사람이 도리어 화를 냄

② 자기가 저지른 일로 대가를 치름

③ 다른 사람의 말에 따라 이리저리 태도를 바꿈

3 검은 말이 '자업자득'이라고 생각한 까닭을 짐작하여 ○표를 해 보세요.

짐을 조금 더 드는 것이
싫어 부탁을 거절했더니,
오히려 더 힘든 꼴을 당하게
됐구나. **자업자득**이다!

하얀 말이 쓰러진 탓에
이런 꼴을 당하게 됐구나.
모두 하얀 말의 탓이니
자업자득이라 할 수밖에!

[   ]   [   ]

4 다음 중 '자업자득'과 어울리는 친구에 ○표를 해 보세요.

평소에 친구들을 많이 도와주다 상을 받게 된 **수호**	준비물을 살 돈으로 군것질을 하다 준비물을 가져가지 못해 혼이 난 **강훈**
[ ]	[ ]

5 다음 그림과 어울리는 흉내 내는 말을 이야기에서 찾아 써 보세요.

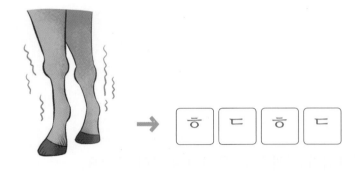

ㅎ	ㄷ	ㅎ	ㄷ

6 다음 그림에 알맞은 낱말은 무엇인지 골라 보세요. ---------------------------- [   ]

① 돌아가다　　　　　② 빗대다　　　　　③ 짊어지다

1 단계

다음 뜻에 알맞은 낱말을 골라 빈칸에 옮겨 써 보세요.

[1] 물건을 다른 곳으로 옮기다.

　① 지치다.　　② 나르다.

[2] 힘없이 쓰러지는 모습

　① 쿵쿵　　　② 풀썩

[3] 애처롭게 사정하며 간절히 바람

　① 애원　　　② 난처

해설편 011쪽

2 단계

2단계 21회 받아쓰기2

QR코드를 찍으면
받아쓰기 음성이
나옵니다.

불러 주는 말을 잘 듣고 빈칸을 알맞게 채워 보세요.

[1] 어쩔 수 　　　.

[2] 　　　　을 치다.

[3] 꼭 그럴 것만 　　.

3 단계

2단계 21회 받아쓰기

QR코드를 찍으면
받아쓰기 음성이
나옵니다.

불러 주는 말을 잘 듣고 띄어쓰기에 유의하여 받아 써 보세요.

[1]

후	들	후	들	∨				∨				

[2]

짐		∨				∨	말					

[3]

		∨			∨			∨				

시간

끝난 시간 □시 □분

1회분 푸는 데 걸린 시간 □분

채점

독해 6문제 중 □개

맞춤법·받아쓰기 9문제 중 □개

속담 옛날부터 전해 오는 지혜를 간단하고 깔끔하게 표현한 짧은 글

닭 쫓던 개 지붕 쳐다본다*

개에게 쫓기던 닭이 지붕 위로 훌쩍 날아서 올라가 버렸습니다. 개는 지붕 위로 올라갈 방법이 없어서 그저 지붕만 쳐다볼 수밖에 없었습니다. '닭 쫓던 개 지붕 쳐다본다'는 속담은 이처럼 '열심히 하던 일이 실패로 돌아가 어찌할 방법이 없다'는 뜻입니다.

공부한 날 [ ]월 [ ]일 시작 시간 [ ]시 [ ]분

>>> QR코드를 찍으면 지문 읽기를 들을 수 있어요.

2단계 22회 본문

옛날에 **가축**①을 키우는 한 **마당**②에서 개와 닭이 함께 지냈습니다.

닭이 쌀알을 쪼아 먹는 모습을 본 개가 말했습니다.

"나는 도둑이 들지 않도록 잠도 자지 않고 집을 지키는데도 주인님이 먹고 남긴 밥이나 먹는다. 그런데 너는 왜 쌀알만 골라 쪼아 먹느냐?"

"참 **무식하시군요**③. 제 머리 위의 붉은 **관**④과 이 **비단**⑤처럼 빛나는 깃털을 보십시오. 제가 귀한 동물이라는 건 척 봐도 알 수 있지 않습니까? 귀한 동물은 쌀알을 먹어야지요."

무식하다는 소리에 개는 **발끈하며**⑥ 말했습니다.

"네가 무슨 일을 한다고? **고작**⑦ 아침에 '꼬끼요' 한 번 하면 그만이지 않느냐."

"하하하하! 사람들은 제 울음소리에 아침을 시작합니다. 제가 울지 않으면 아침도 오지 않는 것이지요. 그것도 모르다니, 무식해서 말을 못하겠군요!"

그러자 화가 난 개는 닭의 볏을 확 물어뜯었습니다. 깜짝 놀란 닭은 지붕 위로 푸드덕 날아올랐습니다. 지붕 위에서 닭은 말했습니다.

"내 볏을 물어뜯다니! 여기도 올라와 봐라, 이 무식한 개야!"

그러자 **닭을 쫓던 개는 지붕만 쳐다보며*** 짖을 수밖에 없었습니다. 이때부터 닭의 볏은 개에게 물어뜯겨 이빨 모양이 되었습니다.

– 우리나라 전래 동화

어려운 낱말 풀이

① **가축** 집에서 키우는 동물 家집 가 畜짐승 축   ② **마당** 집 둘레에 있는 판판한 빈 땅

③ **무식하시군요** 아는 것이 없으시군요 無없을 무 識알 식 -

④ **관** 옛날에 왕족, 귀족, 벼슬아치들이 격식에 맞추어 쓰던 모자 冠갓 관

⑤ **비단** 명주실로 짠 천. 부드럽고 윤기가 남 緋붉은빛 비 緞비단 단

⑥ **발끈하며** 갑자기 화를 내며   ⑦ **고작** 기껏 따져 보아야

관

1 이 이야기 속 동물들이 하는 일을 알맞게 선으로 이어 보세요.

| 도둑이 들지 않게 집 지키기 | • | | • |  |

| 아침이 오는 것을 알리기 | • | | • |  |

2 개가 닭의 벼슬을 물어뜯은 까닭은 무엇인지 골라 보세요. ······ [   ]

① 닭이 먹이를 훔쳐 먹어서

② 닭이 무식하다고 무시해서

③ 닭이 지붕 위로 훌쩍 올라가 버려서

3 닭이 지붕 위로 올라갔을 때 개의 마음은 어땠을지 골라 ○표를 해 보세요.

| '닭을 잡으려고 애썼는데, 실패로 돌아갔어. 이제 어찌할 수 없네. 어떻게 해야 하지?' | '닭이 지붕 위로 날아갈 수 있는 게 부러워. 나는 울타리를 넘어가기도 힘든데, 닭은 대단해.' |

[   ]   [   ]

4 다음은 '닭 쫓던 개 지붕 쳐다본다'라는 속담의 뜻입니다. 알맞은 낱말에 ○표를 해 보세요.

'닭 쫓던 개 지붕 쳐다본다'라는 속담은 애쓰던 일이 { 성공으로 / 실패로 }

돌아가 { 방법 / 장애물 } 이 없을 때 쓰입니다.

5 친구들의 대화에서 세비가 밑줄 친 부분처럼 말한 까닭은 무엇인지 골라 보세요. ······ [   ]

다솔

세비 세비야, 전에 대회에 나가려고 그리던 그림은 다 그렸어?

아, 대회가 취소되어 버렸어.

다솔

아니, 방학 내내 그렇게 애썼는데? 그게 취소가 됐다고?

세비

그러니까 말이야. 완전히 닭 쫓던 개가 지붕 쳐다보는 모양새가 되어 버렸어.

① 방학이 너무 짧아서

② 애써 그린 그림이 마음에 들지 않아서

③ 애써 준비한 대회가 취소되어 어찌할 방법이 없어서

6 다음 그림에서 '가축'이 아닌 동물에 ×표를 해 보세요.

1단계 다음 뜻에 알맞은 낱말을 골라 빈칸에 옮겨 써 보세요.

[1] 가축을 우리에 가두지 않고 자유롭게 하다.

① 시작하다. ② 풀어놓다.

[2] 옛날에 왕족, 귀족, 벼슬아치들이 격식에 맞추어 쓰던 모자

① 척 ② 관

[3] 보호하거나 감시하여 막다.

① 지내다. ② 지키다.

2단계 불러 주는 말을 잘 듣고 빈칸을 알맞게 채워 보세요.

2단계 22회 받아쓰기2
QR코드를 찍으면
받아쓰기 음성이
나옵니다.

[1] | | | 보물

[2] | | | 하며 소리쳤다.

[3] 소의 | | | |

3단계 불러 주는 말을 잘 듣고 띄어쓰기에 유의하여 받아 써 보세요.

2단계 22회 받아쓰기
QR코드를 찍으면
받아쓰기 음성이
나옵니다.

[1] | 비 | 단 | 처 | 럼 | ∨ | | | | ∨ | | | | | | |

[2] | | 을 | ∨ | 확 | ∨ | | | | | | | . |

[3] | | ∨ | | | ∨ | | ∨ | | | ∨ | | | . |

시간 끝난 시간 [ ]시 [ ]분
1회분 푸는 데 걸린 시간 [ ]분

채점 독해 6문제 중 [ ]개
맞춤법·받아쓰기 9문제 중 [ ]개

줄행랑을 치다*

급하게 도망가는 상황을 두고 '줄행랑을 치다'라는 말을 씁니다. 즉 '피하여 달아나다'라는 뜻입니다.

공부한 날 ☐월 ☐일 시작 시간 ☐시 ☐분

>>> QR코드를 찍으면 지문 읽기를 들을 수 있어요.

2단계 23회 본문

어느 날 당나귀, 개, 고양이, 닭이 길에서 마주쳤습니다. 서로 이야기를 나누어 보니 모두 나이가 들어 쓸모가 없다고 주인에게 버려진 동물들이었습니다. 동물들은 앞으로 함께 지내기로 하고, 어디로 가야 할지 고민하기 시작했습니다.

"그러고 보니 브레멘이라는 도시가 그렇게 크다며?"

"그곳에서는 음악대가 매일 도시를 돌며 음악을 연주한대."

음악을 좋아했던 동물들은 브레멘으로 가 음악대에 들어가기로 했습니다. 그러나 브레멘으로 가는 길은 멀었고, 동물들은 배고픔에 지쳐 잠시 쉬기로 했습니다. 그때, 어디선가 맛있는 냄새가 솔솔 풍겨 오기 시작했습니다. 동물들이 냄새를 맡으며 찾아가 보니 그곳에는 **오두막**① 하나가 있었습니다.

"흐흐, 오늘도 돈을 많이 훔쳤구나. 먹고 마시고 즐기자!"

오두막 안에서는 도둑들이 저녁 식사를 하던 중이었습니다. 나쁜 도둑들을 혼내 주고 싶었던 동물들은 꾀를 하나 냈습니다. 당나귀 위에 개가 올라타고, 개 위에는 고양이가, 그 위에는 닭이 올라가는 것이었습니다. 그리고 동물들이 함께 소리를 지르자 무시무시한 소리가 났습니다. 도둑들은 창밖에 비친 동물들의 그림자를 보고 비명을 내질렀습니다.

"괴물이다! 괴물이 나타났다!"

겁에 질린 도둑들은 허겁지겁 도망쳤습니다. 즉, 그대로 **줄행랑을 친** 것입니다. 도둑들이 떠난 오두막에는 맛있는 음식들이 많이 남아 있었습니다. 그렇게 오두막을 차지한 동물들은 오랜만에 맛있는 식사를 하며 즐거운 시간을 보냈습니다.

– 그림 형제, 「브레멘 음악대」 중 (24회에서 계속됩니다.)

어려운 낱말 풀이 | ① **오두막** 작은 집 - 幕장막 막

1 이 이야기에서 동물들이 가려고 한 곳은 어디인지 찾아 써 보세요.

→

2 다음은 도둑들이 괴물인 줄 알고 깜짝 놀란 동물들의 모습입니다. 무슨 동물의 그림자인지 빈칸에 각각 써 보세요.

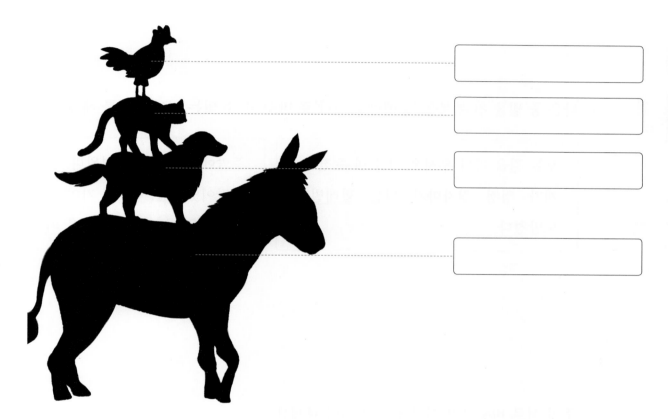

3 다음은 '작은 집'이라는 뜻을 가진 낱말을 그린 것입니다. 이 낱말은 무엇인지 써 보세요.

→

4 다음 중 '줄행랑을 치다'와 어울리는 그림을 골라 보세요. --- [   ]

①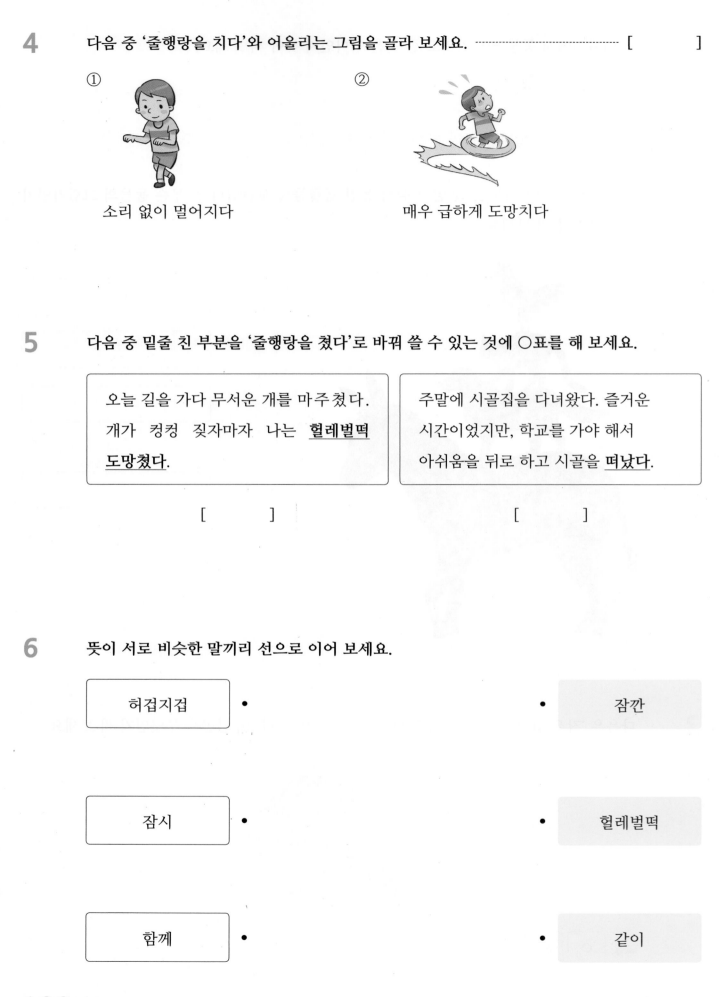

소리 없이 멀어지다

②

매우 급하게 도망치다

5 다음 중 밑줄 친 부분을 '줄행랑을 쳤다'로 바꿔 쓸 수 있는 것에 ○표를 해 보세요.

오늘 길을 가다 무서운 개를 마주쳤다. 개가 컹컹 짖자마자 나는 **헐레벌떡 도망쳤다**.

[   ]

주말에 시골집을 다녀왔다. 즐거운 시간이었지만, 학교를 가야 해서 아쉬움을 뒤로 하고 시골을 **떠났다**.

[   ]

6 뜻이 서로 비슷한 말끼리 선으로 이어 보세요.

허겁지겁 •   • 잠깐

잠시 •   • 헐레벌떡

함께 •   • 같이

1단계

다음 뜻에 알맞은 낱말을 골라 빈칸에 옮겨 써 보세요.

[1] 몹시 두려움을 느낄 때 지르는 외마디 소리

　① 비명　　　② 쓸모

[2] 한꺼번에 같이

　① 함께　　　② 많이

[3] 작고 초라한 집

　① 오두막　　② 줄행랑

2단계

2단계 23회 받아쓰기2
QR코드를 찍으면
받아쓰기 음성이
나옵니다.

불러 주는 말을 잘 듣고 빈칸을 알맞게 채워 보세요.

[1] 어디로 가야 ☐☐

[2] ☐☐☐☐ 도망쳤다.

[3] ☐☐☐ 눈이 내린다.

3단계

2단계 23회 받아쓰기
QR코드를 찍으면
받아쓰기 음성이
나옵니다.

불러 주는 말을 잘 듣고 띄어쓰기에 유의하여 받아 써 보세요.

[1]

줄	행	랑	을	∨			.					

[2]

	는	∨		식	∨						

[3]

		∨				∨				

시간
끝난 시간 ☐시 ☐분
1회분 푸는 데 걸린 시간 ☐분

채점
독해 6문제 중 ☐개
맞춤법·받아쓰기 9문제 중 ☐개

24회

횡설수설(橫 說 竪 說)*

가로 횡　말씀 설　세로 수　말씀 설

갑자기 당황하여 아무 말이나 막 엉뚱하게 한 적이 있나요? 그런 상황을 두고 '횡설수설(橫說竪說)'
이라는 말을 합니다. 즉 '알아듣기 어렵게 아무렇게나 하는 말'이라는 뜻입니다.

공부한 날 [　] 월 [　] 일　시작 시간 [　] 시 [　] 분

>>> QR코드를 찍으면
지문 읽기를 들을 수 있어요. 2단계 24회 본문

　　오두막에서 도망친 뒤, 도둑들은 한동안 오두막 근처에 **얼씬도 하지 않았습니다.**①
그러나 시간이 좀 더 지나자, 도둑들은 이제 괴물이 떠나지 않았을까 궁금해졌습니다.
그때 도둑 하나가 나섰습니다.

　　"내가 오두막에 아직 괴물이 남아 있는지 보고 올게."

　　도둑은 조심스레 오두막을 살피기 시작했습니다. 그러나 동물의 귀는 사람보다
몇 배는 밝아서, 동물들은 도둑의 발걸음 소리를 들을 수 있었습니다. 도둑이 오고
있음을 알게 된 동물들은 도둑을 쫓아낼 준비를 하기로 했습니다.

　　어두컴컴한 밤이 되자 도둑이 문을 슬쩍 열고
들어왔습니다. 오두막은 조용했고, 안에는 아무것도
보이지 않았습니다. 도둑이 안심한 순간, 숨어 있던
당나귀가 튀어나와 뒷발로 도둑의 콧잔등을 차
버렸습니다. 도둑이 무엇에 차인지도 모르고 비명을
지르는 사이, 개가 나타나 도둑의 다리를 물고
고양이가 도둑의 얼굴을 할퀴었습니다. 그리고 닭이

꼬기요

소리 높여 울자 무서워진 도둑은 허겁지겁 도망쳐 버렸습니다.

　　간신히 도망친 도둑을 보고 동료들은 무슨 일이냐고 물었습니다. 그러나 도둑은
잔뜩 겁에 질려 알 수 없는 소리만 할 뿐이었습니다.

　　"무언가, 무언가…… 나를 차고, 물고, 할퀴고, 그리고 또, 또……."

　　도둑의 **횡설수설**에 동료들은 오두막에 괴물이 남아 있다고 생각하게 되었습니다.
그 후 도둑들은 오두막에 다시는 돌아오지 않았고, 오두막에 남은 동물들은
브레멘에 가는 대신 오두막에서 음악을 연주하며 행복하게 살았습니다.

　　– 그림 형제, 「브레멘 음악대」 중

어려운 낱말 풀이 　① **얼씬도 하지 않았습니다** 조금도 다가가지 않았습니다

1 이 이야기에서 동물들은 결국 어디에서 머물게 되었는지 골라 ○표를 해 보세요.

브레멘	오두막	고향집
[ ]	[ ]	[ ]

2 이 이야기에서 동물들이 한 행동에 알맞게 선으로 이어 보세요.

도둑의 얼굴 할퀴기

도둑의 다리 물기

소리 높여 울기

도둑의 콧잔등 차기

3 다음 중 '횡설수설'의 뜻은 무엇인지 골라 보세요. ────────── [   ]

① 잘 들리지 않게 조용히 하는 말

② 알아듣기 어렵게 아무렇게나 하는 말

③ 듣는 사람이 잘 알아들을 수 있는 말

4 다음 중 '횡설수설'하고 있는 친구에 ○표를 해 보세요.

우성

"그러니까 내 말은, 오늘은 미리 내일 도착해서, 그리고 음… 그저께 학교를 다시 가자는 거지. 그리고 또… 내일 만나기로 한 것도 어제 된 거고."

[   ]

지애

"지금 제 용돈은 3년째 그대로지만, 제가 학년이 올라갈수록 써야 하는 돈은 점점 많아지고 있습니다. 그러니 제 용돈을 올려 주실 수 없을까요?"

[   ]

5 다음은 이 이야기 '브레멘 음악대'의 줄거리입니다. 일어난 순서에 맞게 번호를 써 보세요.

주인에게 버림받은 당나귀, 개, 고양이, 닭이 만나 함께 브레멘으로 가기로 했다.	다시 오두막에 찾아온 도둑을 쫓아내고, 동물들은 오두막에서 음악을 연주하며 행복하게 살았다.	도둑들이 오두막에서 저녁 식사를 하는 모습을 본 동물들이 꾀를 내어 도둑들을 쫓아냈다.
[ ]	[ ]	[ ]

6 다음 중 [보기]의 빈칸에 들어갈 수 <u>없는</u> 낱말을 골라 보세요. ⸺⸺⸺⸺ [   ]

[보 기] ☐ 이(가) 밝다.

① 눈   ② 귀   ③ 손

1단계

다음 뜻에 알맞은 낱말을 골라 빈칸에 옮겨 써 보세요.

[1] 잠깐 나타났다가 사라지는 모양

① 얼씬 　② 잔뜩

[2] 함께 일하는 사람

① 동료 　② 도둑

[3] 악기를 다루어 곡을 표현하거나 들려주는 일

① 연주 　② 소리

2단계

불러 주는 말을 잘 듣고 빈칸을 알맞게 채워 보세요.

2단계 24회 받아쓰기2
QR코드를 찍으면
받아쓰기 음성이
나옵니다.

[1] 얼굴을 ⬜⬜⬜⬜⬜⬜.

[2] 귀가 ⬜⬜ 개

[3] 소리 ⬜⬜ 우는 닭

3단계

불러 주는 말을 잘 듣고 띄어쓰기에 유의하여 받아 써 보세요.

2단계 24회 받아쓰기
QR코드를 찍으면
받아쓰기 음성이
나옵니다.

[1] 도 둑 을 ∨ 　 ∨

[2] 히 ∨ 친 ∨

[3] ∨ ∨

시간 끝난 시간 ⬜시 ⬜분
1회분 푸는 데 걸린 시간 ⬜분

채점 독해 6문제 중 ⬜개
맞춤법·받아쓰기 9문제 중 ⬜개

옛날부터 전해 오는 지혜를 간단하고 깔끔하게 표현한 짧은 글

꼬리가 길면 밟힌다*

꼬리가 긴 짐승이 음식을 훔쳐 먹다 걸렸습니다. 짐승은 빠르게 도망가려고 했지만, 긴 꼬리를 밟혀 잡히고 말았습니다. 이처럼 '꼬리가 길면 밟힌다'는 말은 '아무리 남모르게 나쁜 일을 한다고 해도 오랫동안 계속하면 결국에는 들키고 만다'는 뜻입니다.

공부한 날 ☐월 ☐일 시작 시간 ☐시 ☐분

>>> QR코드를 찍으면 지문 읽기를 들을 수 있어요.

2단계 25회 본문

옛날 어떤 사람이 산길을 가다 도깨비 **감투**를 주웠습니다. 그 감투는 쓰고 있는 사람의 모습을 감추어 주었습니다. 그래서 그 사람은 감투를 쓴 채 몰래 마을을 돌아다녔습니다. 그리고 다른 사람들의 물건을 훔치는 나쁜 짓을 저질렀습니다.

'아무도 내가 훔친 줄 모르겠지?'

그러던 어느 날 도깨비 감투에 구멍이 났습니다. 그러나 그 사람은 감투에 난 구멍 사이로 자신의 머리카락이 삐져나온 줄도 모르고 도둑질을 계속했습니다. 어느새 마을 사람들 사이에는 이상한 **소문**이 퍼졌습니다.

"어제 머리카락만 둥둥 떠다니는 걸 봤어."

"자네도 봤나? 그 머리카락이 떠다니면 꼭 물건이 없어진다던데."

마을 사람들은 머리카락이 다시 나타날 때까지 기다렸습니다. 그리고 힘을 합쳐 머리카락을 세게 잡아당겼습니다. 그러자 감투가 훌렁 벗겨지고 말았습니다.

"**꼬리가 길면 밟힌다**더니, 네가 바로 그 도둑이구나!"

마침내 잡히고 만 도둑은 마을 사람들에게 크게 **혼쭐이 났습니다.**

– 우리나라 전래 동화

어려운 낱말 풀이

① **감투** 옛날에 벼슬이 있는 사람이 머리에 쓰던 모자의 하나

② **소문** 여러 사람들 사이에 퍼지는 말 所바 소 聞들을 문

③ **혼쭐이 났습니다** 몹시 혼났습니다 魂넋 혼 -

감투

1 이 이야기에서 도깨비 감투를 쓰면 어떻게 되었는지 알맞게 설명한 것을 골라 보세요.

-- [   ]

① 도깨비가 됩니다.

② 머리카락이 길어집니다.

③ 다른 사람들에게 보이지 않게 됩니다.

2 다음은 도둑이 마침내 붙잡히게 된 까닭입니다. 빈칸에 들어갈 말을 알맞게 써 보세요.

도깨비 감투에 구멍이 나서 ☐☐☐☐ 이 삐져나왔기 때문에, 마을

사람들은 그 ☐☐☐☐ 을 보고 도둑을 붙잡을 수 있었습니다.

3 다음 문장에 어울리는 흉내 내는 말을 각각 골라 ○표를 해 보세요.

• 하늘에 풍선이 { 둥둥 / 훌렁 } 떠다닙니다.

• 용철이는 너무 더워서 겉옷을 { 둥둥 / 훌렁 } 벗었습니다.

4 다음 그림을 보고 떠오르는 속담을 골라 보세요. ------------------------------------ [   ]

① 꼬리가 길면 밟힌다.

② 길고 짧은 것은 대어 보아야 안다.

③ 가는 말이 고와야 오는 말이 곱다.

5 다음 중 '꼬리가 길면 밟힌다'는 말을 알맞게 쓴 친구에 ○표를 해 보세요.

수연: **꼬리가 길면 밟힌다**더니, 쪽지시험 때마다 친구의 답을 베껴 쓰던 아이가 결국 선생님께 들켜서 혼이 났어.

승희: **꼬리가 길면 밟힌다**더니, 이번 달리기 시합에서 우승할 수 있었어.

[   ]   [   ]

6 다음 빈칸에 공통으로 들어갈 말을 써 보세요.

• 꼬리가 [   ] 면 밟힌다.

• 현비의 머리카락은 허리까지 닿을 만큼 [   ] 다.

• [   ] 고 짧은 건 대봐야 안다.

→ [   ]

1단계

다음 뜻에 알맞은 낱말을 골라 빈칸에 옮겨 써 보세요.

[1] 사람들 사이에 퍼져 가는 말

　① 구멍　　② 소문

[2] 완전히 벗겨지거나 뒤집히는 모양

　① 몰래　　② 훌렁

[3] 드디어 마지막에는

　① 마침내　　② 어느새

2단계

불러 주는 말을 잘 듣고 빈칸을 알맞게 채워 보세요.

2단계 25회 받아쓰기2
QR코드를 찍으면
받아쓰기 음성이
나옵니다.

[1] 바지가 ⬜⬜⬜⬜ 말았습니다.

[2] 물건을 ⬜⬜⬜ .

[3] ⬜⬜ 잡아당겼다.

3단계

불러 주는 말을 잘 듣고 띄어쓰기에 유의하여 받아 써 보세요.

2단계 25회 받아쓰기
QR코드를 찍으면
받아쓰기 음성이
나옵니다.

[1] | 도 | 깨 | 비 | ∨ | | | | | | | | | |

[2] | 몰 | | ∨ | | | 을 | ∨ | 돌 | 아 | 다 | 녔 | 다 | . |

[3] | | | | ∨ | | | ∨ | | | . | | | |

시간 **끝난 시간** ⬜시 ⬜분

1회분 푸는 데 걸린 시간 ⬜분

채점 **독해 6문제 중** ⬜개

맞춤법·받아쓰기 9문제 중 ⬜개

꼬리와 관련된 관용 표현

사람에게는 꼬리가 없지만, 우리말에는 동물의 꼬리에 빗대어 사람의 행동을 표현하는 말이
많이 등장합니다.

[용의 꼬리보다 뱀의 머리가 낫다]

: 남의 뒤를 쫓는 것보다 작은 곳에서라도 내가 이끄는 것이 낫다

용은 뱀과 비교할 수 없을 만큼 크고 힘이 셉니다. 하지만 용의 꼬리는 머리를
따라다니기만 할 뿐 큰 역할을 하지 못합니다. 반면 뱀의 머리는 비록 작은 뱀의 몸이라고 하더라도 모두를
이끌고 가고 싶은 곳으로 나아갈 수 있습니다. 이처럼 '용의 꼬리보다 뱀의 머리가 낫다'라는 말은 아무리 큰
조직이어도 누군가의 뒤를 따르기만 하는 것보다, 아직 작고 부족한 조직이더라도 내가 우두머리가 되어
사람들을 이끄는 것이 더 낫다는 뜻입니다.

예 나는 큰 회사보다 작은 회사에 가서 내가 하고 싶은 일을 마음껏 하고 싶어. **용의 꼬리보다 뱀의 머리가 낫다**고 하잖아.
　　　　　　　　　　　　　　　　　　　　　　　┗ 작은 집단이라도 그곳의 우두머리가 되는 것이 낫다

[꼬리를 내리다]

: 기가 꺾여서 움츠러들다

개는 자신보다 강한 사람을 만나면 꼬리를 다리 사이로 감춰 두려움을 표현합니다. 이처럼 사람도
상대방에게 기가 꺾여 움츠러드는 것이 개가 꼬리를 내리는 모습과 비슷하다고 하여 이렇게 표현합니다.

예 가게에서 행패를 부리던 남자는 경찰이 도착하자 금방 **꼬리를 내렸다.**
　　　　　　　　　　　　　　　┗ 움츠러들었다.

[꼬리를 잡다]

: 감추고 있던 것을 알아내다

어떤 동물이라도 꼬리가 잡히면 벗어나거나 도망치기 힘들 것입니다. 이처럼 '꼬리를 잡다'는 말은 어떤
사람이 숨기고 있던 비밀을 알아냈을 때 쓰입니다. 비슷한 표현으로 '꼬리를 밟히다'라는 말이 있는데, 이
표현은 숨기고 있던 것이 드러났을 때 사용됩니다.

예 범죄 조직의 **꼬리를 잡았으니** 모두 붙잡는 것은 시간 문제다.
　　　　　　┗ 감추고 있던 것을 알아냈으니
예 한 사람이 **꼬리가 밟히는** 바람에 모두 잡히고 말았다.
　　　　　　┗ 숨기고 있던 것을 들키는

6주차

주간학습계획표

한 주간의 계획을 먼저 세워 보세요. 매일 학습을 마친 후 맞힌 문제의 개수를 쓰세요!

회차	영역	학습 내용	학습계획일	맞은 문제수
26회	관용어	**어깨가 무겁다** 중요한 임무를 맡게 되면 마음이 편치 않게 됩니다. 그런 경우에 '**어깨가 무겁다**'는 말을 씁니다. 즉, '**무거운 책임을 져서 마음에 부담이 크다**'는 뜻입니다.	월 / 일	독 해 6문제 중 □개 맞춤법·받아쓰기 9문제 중 □개
27회	사자성어	**화기애애(和氣靄靄)** 여러 사람이 서로 기분 좋게 대화를 나누는 모습을 보면, 따뜻한 기운이 그 주변으로 피어오르는 것 같은 느낌을 줍니다. 이처럼 '**화기애애(和氣靄靄)**'는 '**여럿이 모인 자리에 따스하고 부드러운 기운이 넘쳐흐르는 듯하다**'는 뜻입니다.	월 / 일	독 해 6문제 중 □개 맞춤법·받아쓰기 9문제 중 □개
28회	속담	**무심코 던진 돌에 개구리가 맞아 죽는다** 아무 생각 없이 돌을 던졌는데 지나가던 개구리가 맞아 죽었다면, 개구리 입장에서는 정말 억울할 것입니다. 이처럼 '**무심코 던진 돌에 개구리가 맞아 죽는다**'라는 말은 '**생각 없이 한 행동이 누군가에게는 아픔이 될 수 있다**'는 뜻입니다.	월 / 일	독 해 6문제 중 □개 맞춤법·받아쓰기 9문제 중 □개
29회	관용어	**가슴이 찔리다** 우리는 가슴에 마음이 있다고 생각합니다. 만약 나쁜 마음을 먹는다면 가슴이 찔리는 듯한 느낌이 들 것입니다. 이처럼 '**가슴이 찔리다**'는 '**미안하고 부끄러운 감정이 마음을 날카롭게 찌르는 것처럼 강하게 느껴지다**'라는 뜻입니다.	월 / 일	독 해 6문제 중 □개 맞춤법·받아쓰기 9문제 중 □개
30회	사자성어	**배은망덕(背恩忘德)** 은혜나 도움을 받으면 고마워하는 마음을 가져야 합니다. 은혜를 잊고 도리어 피해를 끼친다면 다른 사람들에게 믿음을 주기 힘듭니다. '**배은망덕(背恩忘德)**'은 이처럼 '**은혜나 도움을 받았음에도 도리어 배신할 때**' 쓰는 말입니다.	월 / 일	독 해 6문제 중 □개 맞춤법·받아쓰기 9문제 중 □개

관용어 둘 이상의 낱말이 오래전부터 함께 쓰이면서 본래의 뜻과 다른 뜻을 지니게 된 표현

어깨가 무겁다*

중요한 임무를 맡게 되면 마음이 편치 않게 됩니다. 그런 경우에 '어깨가 무겁다'는 말을 씁니다. 즉, '무거운 책임을 져서 마음에 부담이 크다'는 뜻입니다.

공부한 날 ☐월 ☐일 시작 시간 ☐시 ☐분

>>> QR코드를 찍으면 지문 읽기를 들을 수 있어요.
2단계 26회 본문

먼 옛날의 일입니다. 그때는 불을 피우는 것이 무척 힘든 일이었기 때문에, 불씨를 꺼트리지 않고 지키는 것이 중요한 일이었습니다.

어느 날 불씨를 **대대로**① 꺼트리지 않은 집안에서 딸을 불러 말했습니다.

"딸아, 우리 집안은 불씨를 대대로 꺼트리지 않았단다. 너도 알다시피 불씨를 지키는 건 무척 중요한 일이지. **어깨가 무겁겠지만*** 부디 잘 지켜다오."

딸은 대대로 내려오는 불씨를 지켜야 한다는 생각에 **어깨가 무거웠습니다.*** 툭하면 꺼지는 불씨를 지키기 위해 딸은 밤낮없이 불씨를 지켜야 했습니다.

그러던 어느 날의 일이었습니다. 딸이 그날 밤에도 불씨를 지키고 있는데, 여우 한 마리가 들어오더니 불씨에 오줌을 싸고 산으로 도망쳐버렸습니다. 애지중지하던 불씨가 꺼진 바람에 화가 머리끝까지 난 딸은 그 여우를 쫓아갔습니다.

"이 나쁜 여우야, 거기 서지 못 해?"

여우는 산 **중턱**②의 어느 굴속으로 쏙 들어갔습니다. 딸은 그 자리에 표시를 해두고, 다음날 가족들과 함께 그 굴을 파헤쳤습니다. 그런데 그 굴속에는 여우가 아니라 황금이 잔뜩 들어있었습니다.

황금을 본 가족들이 깜짝 놀라서 말했습니다.

"네가 불씨를 잘 지키려고 애쓰는 모습을 보고 산신령께서 상을 주신 모양이다."

그 후, 불씨를 잘 지킨 딸은 부자가 되어 가족과 함께 행복하게 살았습니다.

– 우리나라 전래 동화

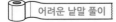 **어려운 낱말 풀이** ┆ ① **대대로** 여러 대를 이어 계속하여, 예를 들어 할아버지 할머니 시절부터 하던 가게를 자식과 손주 가 이어 하고 있으면 '저 집은 대대로 가게를 하고 있다'라고 함 代대신할 대 代대신할 대 -
┆ ② **중턱** 산이나 고개의 중간쯤 되는 곳 中가운데 중 -

1 먼 옛날에는 왜 불씨를 지키는 일이 중요했는지 알맞은 까닭을 골라 보세요. ····· [   ]

① 불씨를 못 지키면 벌을 받았기 때문에

② 불에 조상의 영혼이 깃들었다 믿었기 때문에

③ 불씨 없이 불을 피우기가 무척 힘들었기 때문에

2 다음은 딸의 일기입니다. 사건이 일어난 순서에 맞게 번호를 써 보세요.

○○월 ○○일

날씨: 맑음

이럴 수가! 여우의 굴이라 생각하고 파냈는데, 그 안에는 여우 대신 금덩이가 가득 들어 있었다. 가족들은 산신령이 날 기특하게 여긴 덕이라고 한다. 정말일까? 아무튼 꿈만 같다!

[   ]

○○월 ○○일

날씨: 흐림

오늘도 밤새도록 불씨를 지키고 있는데, 내가 잠시 한눈을 판 사이 여우가 들어와 불씨를 꺼 버리고 말았다. 나쁜 여우! 그게 얼마나 귀한 불씨인데… 그래도 굴은 찾았으니 내일 혼내 줄 테다.

[   ]

○○월 ○○일

날씨: 맑음

오늘부터 대대로 내려오는 불씨를 지키게 됐다. 내가 이 불씨를 꺼트리지 않고 잘 지켜낼 수 있을까? 불씨가 없으면 밥도 못 짓고, 밤에는 춥고 어둡게 지내야 하는데……. 어깨가 무겁다.

[   ]

3 그림을 보고 [보기]의 낱말로 빈칸을 채워 보세요.

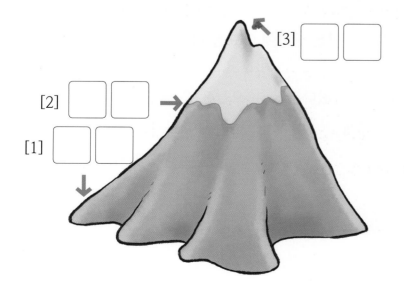

[3] ☐☐

[2] ☐☐

[1] ☐☐

[보 기]

중턱

정상

입구

4 다음 '어깨가 무겁다'의 뜻을 읽고, 어울리는 그림을 골라 보세요. ―――――――― [   ]

> **어깨가 무겁다**
>
> 큰 책임을 지게 되어 마치 무거운 짐을 짊어진 듯하다.

①

②

③

5 다음은 딸에게 상을 준 산신령의 말입니다. 밑줄 친 부분을 대신해 쓸 수 있는 말을 써 보세요.

오호, 보아하니 어린 나이에
큰 책임을 지게 되어 부담이 클 텐데도
어떻게든 책임을 다하려고 하는 모습이
참 보기 좋구나. 내가 상을 주어야겠다.

➡ ☐ ☐ ☐ ☐ ☐ ☐ 텐 데

6 다음 중 빈칸에 '어깨'가 들어갈 수 있는 상황에 ○표를 해 보세요.

오늘은 친구에게 큰 불행이 닥쳤다는 소식을 들었다. 평소에는 그렇게 밝은 모습이었는데……. 참 ☐☐ 가 무겁다.

오늘은 운동회에서 이어달리기 마지막 주자로 뛰게 됐다. 1등만 한다면 우리 반이 우승할 수 있는 상황이다. ☐☐ 가 무겁다.

[   ]   [   ]

26회 맞춤법·받아쓰기

1단계

다음 뜻에 알맞은 낱말을 골라 빈칸에 옮겨 써 보세요.

[1] 목 아래에서 팔 위 끝까지 이르는 부분

    ① 어깨　　　② 표시

[2] 실수로 불을 꺼지게 하다.

    ① 파헤치다.　② 꺼트리다.

[3] 굴 따위의 안쪽

    ① 굴속　　　② 중턱

6주
26
회

해설편
0
1
3
쪽

2단계

불러 주는 말을 잘 듣고 빈칸을 알맞게 채워 보세요.

[1] ☐☐☐☐ 지켰습니다.

[2] ☐☐☐☐ 웃다.

[3] 산을 지키는 ☐☐☐

2단계 26회 받아쓰기2

QR코드를 찍으면
받아쓰기 음성이
나옵니다.

3단계

불러 주는 말을 잘 듣고 띄어쓰기에 유의하여 받아 써 보세요.

[1] | 어 | 깨 | 가 | ∨ | | | | . | | | | | | |

[2] | · | 를 | ∨ | | | 다 | . | | | | | | |

[3] | | | ∨ | | ∨ | | | | | | | |

2단계 26회 받아쓰기

QR코드를 찍으면
받아쓰기 음성이
나옵니다.

시간　끝난 시간 ☐시 ☐분
　　　1회분 푸는 데 걸린 시간 ☐분

채점　독해 6문제 중 ☐개
　　　맞춤법·받아쓰기 9문제 중 ☐개

사자성어 어떤 일에 대한 교훈이나 일어난 까닭을 한자 네 자로 표현한 말

화기애애(和 氣 靄 靄)*
화목할 화   기운 기   아지랑이 애   아지랑이 애

여러 사람이 서로 기분 좋게 대화를 나누는 모습을 보면, 따뜻한 기운이 그 주변으로 피어오르는 것 같은 느낌을 줍니다. 이처럼 '화기애애(和氣靄靄)'는 '여럿이 모인 자리에 따스하고 부드러운 기운이 넘쳐흐르는 듯하다'는 뜻입니다.

>>> QR코드를 찍으면
지문 읽기를 들을 수 있어요.
2단계 27회 본문

공부한 날 ☐ 월 ☐ 일 시작 시간 ☐ 시 ☐ 분

옛날에 집안일에는 조금도 관심이 없는 한 **대감**① 이 살았습니다. 그 대감은 자기 손톱을 깎고 치우는 것조차 하지 않았습니다.

그러던 어느 날, 대감이 자고 일어났더니 자기랑 똑같이 생긴 사람이 옆에서 잠을 자고 있었습니다. 집안 식구들은 똑같은 두 사람을 보고 깜짝 놀랐습니다. 둘은 서로 자기가 진짜 대감이라고 우겼습니다. 대감의 아내는 둘에게 물어보았습니다.

"그럼, 우리 집 **장독**② 은 모두 몇 개입니까?"

집안일에 관심이 없던 대감은 아무 대답도 하지 못했습니다. 그런데 가짜 대감은 답을 맞혔습니다. 대감은 그대로 집에서 쫓겨났습니다.

집에서 쫓겨난 대감은 갖은 고생을 했습니다. 그러면서 집안일에 전혀 관심이 없었던 것을 후회했습니다. 그러던 중 한 스님을 만나 지금까지의 **사연**③ 을 얘기하게 되었습니다. 스님은 고양이 한 마리를 구해다 주면서 말했습니다.

"그 녀석은 대감의 손톱을 먹은 들쥐입니다. 고양이를 보면 놀라 도망칠 겁니다."

대감은 스님이 준 고양이를 들고 집으로 갔습니다. 고양이를 본 들쥐는 깜짝 놀라 도망쳤습니다. 마침내 집으로 돌아온 대감은 가족들에게 진심으로 사과했습니다.

"내가 너무 집안일에 관심이 없었기 때문에 이런 일이 일어난 것이오. 이제 내 죄를 뉘우치고 진심으로 우리 가족들을 위하며 살겠소."

그 후 대감은 온 집안일을 **도맡아 하였습니다**④ . 그러자 대감의 집에는 따뜻하고 부드러운 분위기가 감돌게 되었습니다. 누구나 대감 집 앞을 지날 때면 언제나 **화기애애***한 분위기를 느낄 수 있었다고 합니다.

🧻 어려운 낱말 풀이 | ① **대감** 조선 시대에 정이품 이상의 벼슬아치를 부르던 말 大클 대 監볼 감 ② **장독** 간장, 된장 등을 담아둔 독 醬장 장 - ③ **사연** 어떤 일이 일어난 까닭 事일 사 緣가장자리 연 ④ **도맡아 하였습니다** 일을 혼자 맡아서 하였습니다

1 다음은 대감의 아내의 물음에 답하는 두 대감의 모습입니다. 두 대감 중, 진짜 대감은 누구인지 ○표를 해 보세요.

우리 집 장독 수는 그러니까……. 몇 개더라…….

모두 정확히 10개요! 우리 집인데 그런 것도 모르겠소?

[   ]

[   ]

6주 27회

해설편 014쪽

2 가짜 대감의 정체는 무엇이고, 어떻게 가짜 대감이 되었나요? 빈칸에 알맞은 말을 써 보세요.

가짜 대감의 정체는 [ ][ ] 였습니다. 대감이 치우지 않은 [ ][ ]을

먹고 대감으로 변한 것입니다.

3 집으로 돌아온 대감이 가족들에게 한 말로 알맞은 것에 ○표를 해 보세요.

"내가 집안일에 너무 관심이 없어 이런 일이 일어났습니다. 미안합니다. 앞으로 우리 가족들을 위해 살겠습니다." ·················· [   ]

"내가 밖에서 얼마나 고생을 했는지 알아? 진짜 나랑 가짜 나도 구분 못해? 다들 내 집에서 나가!" ·················· [   ]

4 '화기애애'라는 사자성어의 뜻은 무엇인지 골라 보세요. --- [   ]

① 어떤 장소의 분위기가 달아올라 눈을 뗄 수 없다.

② 불이나 불을 쓰는 도구를 다룰 때는 조심해야 한다.

③ 여러 사람이 모인 자리에 따뜻하고 부드러운 기운이 흐른다.

5 다음 대화 중, '화기애애'한 대화로 알맞은 것에 ○표를 해 보세요.

승규: 윤기야, 저번에 보니 너 영어를 정말 잘하더라. 대단해.

윤기: 승규 너야말로 영어 발음이 정말 좋던데? 멋졌어.   [   ]

다솜: 너 머리 모양이 그게 뭐야. 머리 좀 깔끔하게 잘라.

순규: 너나 잘해. 네가 뭔데 나한테 이래라저래라야?   [   ]

6 다음 낱말의 뜻을 참고하여, 끝말잇기를 완성해 보세요.

| 기 | 분 | [1] ☐ ☐ ☐ | 기 | 사 | [2] ☐ 연 |

[1] 어떤 자리에서 느낄 수 있는 느낌

예시) 장례식장은 ☐☐☐ 가 무겁다.

[2] 어떤 일이 일어난 까닭

예시) 대감은 스님에게 지금까지의 ☐ 연 을 말했다.

1단계

다음 뜻에 알맞은 낱말을 골라 빈칸에 옮겨 써 보세요.

[1] 어떤 것에 마음이 끌려 주의를 기울임

① 관심　　　② 진심

[2] 어떤 장소에서 내쫓김을 당하다.

① 뉘우치다.　② 쫓겨나다.

[3] 어떤 일이 일어난 까닭

① 사과　　　② 사연

2단계

2단계 27회 받아쓰기2
QR코드를 찍으면
받아쓰기 음성이
나옵니다.

불러 주는 말을 잘 듣고 빈칸을 알맞게 채워 보세요.

[1] 그 일을 ⬚⬚⬚⬚.

[2] ⬚⬚⬚ 돌아왔다.

[3] 손톱을 ⬚⬚.

3단계

2단계 27회 받아쓰기
QR코드를 찍으면
받아쓰기 음성이
나옵니다.

불러 주는 말을 잘 듣고 띄어쓰기에 유의하여 받아 써 보세요.

[1]

화	기	애	애	한	∨								

[2]

			을	∨			아	∨		다	.

[3]

		∨				∨				.

시간　끝난 시간 ⬚시 ⬚분

1회분 푸는 데 걸린 시간 ⬚분

채점　독해 6문제 중 ⬚개

맞춤법·받아쓰기 9문제 중 ⬚개

무심코 던진 돌에 개구리가 맞아 죽는다 *

아무 생각 없이 돌을 던졌는데 지나가던 개구리가 맞아 죽었다면, 개구리 입장에서는 정말 억울할 것입니다. 이처럼 '무심코 던진 돌에 개구리가 맞아 죽는다'라는 말은 '생각 없이 한 행동이 누군가에게는 아픔이 될 수 있다'는 뜻입니다.

공부한 날 [ ]월 [ ]일 시작 시간 [ ]시 [ ]분

>>> QR코드를 찍으면 지문 읽기를 들을 수 있어요. 2단계 28회 본문

숲속의 작은 **연못**^① 에 사는 개구리들은 매일 두려움에 떨면서 살았습니다. 왜냐하면 동네 소년들이 **종종**^② 숲속에 놀러 와서는 연못에 돌을 던지며 놀았기 때문입니다.

"하마터면 돌에 맞아서 다리를 다칠 뻔했어요."

새끼 개구리의 말을 듣게 된 어른 개구리들은 결국 돌을 던지는 소년들에게 돌을 던지지 말아 달라고 말하기로 **결심**^③했습니다.

다음날, 소년들이 다시 연못에 돌을 던지기 시작하자 개구리들이 물속에서 머리를 **내밀고**^④ 말했습니다.

"얘들아, 제발 연못에 돌을 던지지 말아 줘."

"왜 그러는 거야? 우리는 그냥 재미로 노는 중인데."

소년들이 이유를 모르겠다는 **표정**^⑤ 을 짓자 나이 든 개구리가 말했습니다.

"물론 그렇지. 하지만 중요한 건 너희가 **무심코**^⑥ 던진 돌에 개구리가 맞아 죽는다는 거란다."

소년들은 나이 든 개구리의 말에 집어 들었던 돌을 버리고 개구리에게 **사과했습니다.**^⑦

– 이솝 우화

어려운 낱말 풀이 ① **연못** 오목하게 파인 땅에 물이 고여 있는 곳 蓮연꽃 연 - ② **종종** 자주 種씨 종 種씨 종 ③ **결심** 무엇을 하기로 마음을 굳게 정하는 것 決결단할 결 心마음 심 ④ **내밀고** 꺼내고 ⑤ **표정** 속마음이 얼굴에 나타난 모양 表겉 표 情뜻 정 ⑥ **무심코** 아무 생각 없이 無없을 무 心마음 심 - ⑦ **사과했습니다** 미안하다고 했습니다 謝사례할 사 過지날 과

1 이 이야기에서 소년들이 연못에 던졌던 것은 무엇이었는지 골라 보세요. ········· [   ]

①

②

③

2 다음 중 이야기를 알맞게 설명한 것을 <u>모두</u> 골라 ○표를 해 보세요. (답 2개)

[1] 소년들은 종종 연못에서 놀았다. ───────────────── [   ]

[2] 새끼 개구리는 다리를 다쳤다. ───────────────── [   ]

[3] 나이 든 개구리의 말을 듣고 소년들이 사과했다. ─────────── [   ]

3 '무심코 던진 돌에 개구리가 맞아 죽는다'의 뜻에 알맞은 말을 골라 ○표를 해 보세요.

'무심코 던진 돌에 개구리가 맞아 죽는다'는 말은 아무 { 생각 없이 / 소리 없이 }

한 행동이 누군가에게는 { 아픔 / 기쁨 } 이 될 수 있다는 뜻으로 사용합니다.

4 다음 밑줄 친 말 대신 바꿔 쓸 수 있는 말은 무엇인지 써 보세요.

> 정우: 소연아, 영철이가 왜 보건실에 갔는지 알고 있니?
>
> 소연: 현호가 **아무 생각 없이** 공을 찼는데 지나가던 영철이가 맞아 버렸거든.

➡

5 소년들이 연못에 돌 던지기를 멈춘 까닭은 무엇인지 골라 보세요. ·························· [   ]

① 집에서 엄마가 불러서

② 돌 던지기가 재미없어져서

③ 개구리들이 다칠 수도 있다는 것을 깨달아서

6 이 이야기를 읽은 후에 올바르게 행동한 친구에 ○표를 해 보세요.

> 성철: 별생각 없이 쓰레기를 던졌는데 지나가던 아저씨가 맞아 버렸어. 그래서 그냥 도망갔지.

> 준호: 별생각 없이 한 말에 친구가 상처를 받을까 봐 신중하게 생각하고 말했어.

[   ]   [   ]

1단계

다음 뜻에 알맞은 낱말을 골라 빈칸에 옮겨 써 보세요.

[1] 속마음이 얼굴에 나타난 모양

    ① 머리   ② 표정

[2] 조금만 잘못하였더라면

    ① 왜냐하면   ② 하마터면

[3] 어떠한 힘에 의해 몸에 해를 입다.

    ① 맞다.   ② 죽다.

2단계

불러 주는 말을 잘 듣고 빈칸을 알맞게 채워 보세요.

[1] 숲속의 작은

[2] 머리를

[3] 상자를

2단계 28회 받아쓰기2

QR코드를 찍으면
받아쓰기 음성이
나옵니다.

3단계

불러 주는 말을 잘 듣고 띄어쓰기에 유의하여 받아 써 보세요.

[1] | 물 | 속 | 에 | ∨ | | | ∨ | | | | | | | |

[2] | | | | | 의 | ∨ | | 심 | | | | | | |

[3] | | | ∨ | | | | ∨ | | | | | | | |

2단계 28회 받아쓰기

QR코드를 찍으면
받아쓰기 음성이
나옵니다.

시간 ⏰ 끝난 시간 [ ]시 [ ]분

1회분 푸는 데 걸린 시간 [ ]분

채점 📋 독해 6문제 중 [ ]개

맞춤법·받아쓰기 9문제 중 [ ]개

관용어 둘 이상의 낱말이 오래전부터 함께 쓰이면서 본래의 뜻과 다른 뜻을 지니게 된 표현

가슴이 찔리다*

우리는 가슴에 마음이 있다고 생각합니다. 만약 나쁜 마음을 먹는다면 가슴이 찔리는 듯한 느낌이 들 것입니다. 이처럼 '가슴이 찔리다'는 '미안하고 부끄러운 감정이 마음을 날카롭게 찌르는 것처럼 강하게 느껴지다'라는 뜻입니다.

공부한 날 [ ]월 [ ]일 시작 시간 [ ]시 [ ]분

>>> QR코드를 찍으면 지문 읽기를 들을 수 있어요.

2단계 29회 본문

　　어느 사이좋은 형제가 배를 타러 길을 가고 있었습니다. 그러던 중 주인 없이 버려진 금덩이 두 개를 주웠습니다. 형제는 기뻐하며 금덩이를 하나씩 나누어 가졌습니다.

　　그런데 **항구**①에 가까워질수록 형제는 서로의 금덩이가 욕심이 나기 시작했습니다.

　　'내가 금덩이를 두 개 다 가진다면 부자가 될 수 있을 텐데.'

　　그 순간에 동생이 넘어져서 다리를 다치고 말았습니다. 놀란 형은 금덩이를 내려놓고 동생의 다리를 주물러 주었습니다. 형은 아파하는 동생을 보며, 동생은 자신을 걱정하는 형을 보며 금덩이를 혼자 가지려 했던 생각을 **반성**②했습니다.

　　잠시 후 형제는 배에 올랐고 동생이 말했습니다.

　　"사실 금덩이를 형 없이 혼자 발견해서 **독차지**③했다면 얼마나 좋았을까 생각했었어요. 미안해요, 형. 정말 **가슴이 찔리네요.***"

　　"나도 똑같아. 나도 너처럼 나 혼자 금을 가지면 얼마나 좋을까 생각하면서 너의 금을 탐냈었거든. 미안하구나. 나도 그런 생각을 했었다는 사실에 **가슴이 찔려.***"

　　형제는 웃으면서 사이좋게 금덩이를 나누어 가졌습니다. 그 후 형제는 서로를 더욱 믿고 아끼게 되었습니다.

　　- 우리나라 전래 동화

어려운 낱말 풀이 　① **항구** 배가 안전하게 드나드는 곳 港항구 항 口입 구 　② **반성** 자신의 잘못과 부족함이 없는지 돌이켜 봄 反돌이킬 반 省살필 성 　③ **독차지** 혼자 다 가지는 것 獨홀로 독 -

1 형과 동생이 욕심냈던 것은 무엇이었는지 골라 보세요. -------------------------- [   ]

①   ②   ③

2 동생이 형에게 미안하다고 말한 까닭이 무엇이었는지 골라 보세요. -------------------- [   ]

① 다친 다리를 치료하느라 배를 놓쳤기 때문에

② 형의 금덩이까지 욕심냈었기 때문에

③ 형을 두고 혼자 배를 타버렸기 때문에

6주
29
회

해설편 0 1 5 쪽

3 이 이야기를 읽은 후 대답할 수 없는 질문에 ○표를 해 보세요.

형제가 길을 걷다가 줍게 된 것은 무엇인가요?	형제가 배를 타고 도착한 장소는 어디인가요?	형제 중에 다리를 다친 사람은 누구인가요?
[ ]	[ ]	[ ]

4 '가슴이 찔리다'는 무슨 뜻일까요? 알맞은 뜻을 찾아 선으로 이어 보세요.

미안하고 부끄러운 감정이 마음을 날카롭게 찌르는 것처럼 강하게 느껴지다.

가슴이 찔리다 •

자신에게 잘못이 없다는 것이 밝혀져 가슴이 후련해지다.

5 다음 밑줄 친 말이 '가슴이 찔리다'와 같은 뜻으로 사용된 것에 ○표를 해 보세요.

어제 미술 시간에 옆자리 동수에게 가위를 건네받다가 실수로 손바닥을 **찔렸어**.	비가 와서 주인 없는 우산을 들고 집에 갔는데 알고 보니 준우의 우산이었어. 사과하기 전까지 정말 마음이 **찔렸어**.
[ ]	[ ]

6 다음은 이 이야기의 내용을 정리한 것입니다. 빈칸에 알맞은 말을 [보기]에서 찾아 각각 써 보세요.

[보 기]	배	금덩이	욕심

형제는 길을 가던 중 버려진 [   ] 두 개를 주웠다.

↓

형제는 서로의 금덩이를 [   ] 내기 시작했고 그 순간에 동생이 넘어져 다리를 다쳤다.

↓

형제는 [   ]에 올라타 서로의 금덩이를 탐냈던 사실을 솔직히 말하고 사과했다.

1 단계 다음 뜻에 알맞은 낱말을 골라 빈칸에 옮겨 써 보세요.

[1] 쓰지 못할 것을 내던지거나 쏟아 놓다.

① 버리다.　　② 나누다.

[2] 물건이나 사실을 찾아냄

① 발견　　　② 욕심

[3] 가지거나 차지하고 싶은 욕심을 내다.

① 탐내다.　　② 찔리다.

2 단계 불러 주는 말을 잘 듣고 빈칸을 알맞게 채워 보세요.

2단계 29회 받아쓰기2

QR코드를 찍으면
받아쓰기 음성이
나옵니다.

[1] 부자가 되면 좋을 ☐☐.

[2] 다리를 ☐☐☐☐.

[3] 믿고 ☐☐☐.

3 단계 불러 주는 말을 잘 듣고 띄어쓰기에 유의하여 받아 써 보세요.

2단계 29회 받아쓰기

QR코드를 찍으면
받아쓰기 음성이
나옵니다.

[1] | 사 | 이 | | ∨ | 형 | | | | | | | | | |

[2] | | | ∨ | | | 을 | ∨ | | | | . | |

[3] | | | | ∨ | | | | ∨ | | | . | |

6주 29회

해설편 015쪽

시간 끝난 시간 ☐ 시 ☐ 분

1회분 푸는 데 걸린 시간 ☐ 분

채점 독해 6문제 중 ☐ 개

맞춤법·받아쓰기 9문제 중 ☐ 개

은혜나 도움을 받으면 고마워하는 마음을 지녀야 합니다. 은혜를 잊고 도리어 피해를 끼친다면 다른 사람들에게 믿음을 주기 힘듭니다. '배은망덕(背恩忘德)'은 이처럼 '은혜나 도움을 받았음에도 도리어 배신할 때' 쓰는 말입니다.

공부한 날 ☐ 월 ☐ 일 시작 시간 ☐ 시 ☐ 분

>>> QR코드를 찍으면
지문 읽기를 들을 수 있어요.

2단계 30회 본문

어느 숲에 고슴도치와 뱀이 살고 있었습니다. **폭우**①가 쏟아지던 날, 고슴도치의 집이 넘치는 빗물에 떠내려가고 말았습니다. 당장 지낼 곳이 없었던 고슴도치는 근처에 사는 뱀에게 찾아갔습니다.

"나를 하루만 재워 주지 않을래? 비가 너무 많이 와서 지낼 곳이 없어졌어."

뱀은 고슴도치가 불쌍하다는 생각이 들었습니다. 그래서 고슴도치를 집 안에 들여보내고, 비가 그칠 때까지 함께 지내기로 했습니다.

그러나 혼자 지내던 곳에서 둘이 산다는 것은 **만만한**② 일이 아니었습니다. 특히 고슴도치는 가시가 있어서, 좁은 **굴**③에 함께 있으면 고슴도치의 가시에 뱀이 긁히고 찔리는 일이 잦았습니다. 그래도 폭우가 쏟아지는 바깥에 고슴도치를 내보낼 수 없었던 뱀은 참고 참았습니다.

며칠 후, 드디어 비가 개었습니다. 뱀이 고슴도치에게 말했습니다.

"고슴도치야, 사실 네 가시 때문에 따가워서 **견디기**④가 힘들어. 이제 새로운 집을 지어야 하지 않을까?"

그러자 고슴도치는 벌컥 화를 내며 가시를 세웠습니다.

"내 가시 때문에 견디기가 힘들다고? 그럼 네가 나가든가 해!"

"뭐? 은혜를 원수로 갚는다더니, 이렇게 **배은망덕***하게 구는 거야?!"

화가 머리끝까지 난 뱀은 고슴도치의 코를 콱 물어 버렸고, 고슴도치는 **비명**⑤을 내지르며 내쫓기고 말았습니다.

– 이솝 우화

1 뱀이 고슴도치와 함께 지내기 힘들어했던 까닭은 무엇인지 골라 보세요. ·········· [   ]

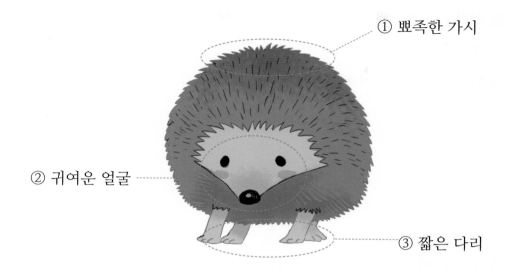

① 뾰족한 가시

② 귀여운 얼굴

③ 짧은 다리

6주 30회

해설편 015쪽

2 고슴도치가 뱀의 집에 묵게 된 까닭은 무엇인지 써 보세요.

 가 내려 고슴도치의 집이 넘치는 빗물에 떠내려갔기 때문입니다.

3 다음 중 '화가 머리끝까지 난 표정'과 어울리는 그림에 〇표를 해 보세요.

[   ]   [   ]   [   ]

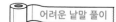 어려운 낱말 풀이

① **폭우** 갑자기 세차게 내리는 비 暴사나울 폭 雨비 우   ② **만만한** 쉽게 할 수 있을 만한

③ **굴** 동물 따위가 땅에 파놓은 구멍 窟굴 굴   ④ **견디기** 참고 버티기

⑤ **비명** 겁에 질렸을 때 '으악'하고 내지르는 소리 悲슬플 비 鳴울 명

4 다음 중 '배은망덕'의 뜻은 무엇인지 골라 보세요. ------------------------------- [   ]

① 부모를 정성으로 보살핌

② 은혜를 잊고 원수로 갚음

③ 태도가 난폭하고 조심성이 없음

5 다음 밑줄 친 부분이 '배은망덕'과 어울리는 것에 ○표를 해 보세요.

남이 준 도움을 잊고 사는 사람은 곧 외로워진다. 작은 도움에도 감사할 줄 아는 것이 행복해지는 길이다.

오늘은 어버이날이라 부모님께 카네이션을 달아 드렸다. 잘 만든 것도 아닌데 부모님께서는 **함박웃음을 지으시며 좋아하셨다.**

[   ]   [   ]

6 '폭우'의 한자와 뜻을 보고, '폭설'은 무슨 뜻일지 골라 ○표를 해 보세요.

폭우	폭설
暴 사나울 폭 雨 비 우	暴 사나울 폭 雪 눈 설
갑자기 세차게 내리는 비	

조금씩 내리는 비	갑자기 세차게 내리는 눈

[   ]   [   ]

1
단계

다음 뜻에 알맞은 낱말을 골라 빈칸에 옮겨 써 보세요.

[1] 고맙게 베풀어 주는 신세나 혜택

① 원수　　② 은혜

[2] 잠을 자게 하다.

① 재우다.　② 지내다.

.

[3] 참고 버티다.

① 견디다.　② 그치다.

.

2
단계

2단계 30회 받아쓰기2
QR코드를 찍으면
받아쓰기 음성이
나옵니다.

불러 주는 말을 잘 듣고 빈칸을 알맞게 채워 보세요.

[1] ☐☐ 나를 물었다.

[2] ☐☐☐ 가시

[3] ☐☐☐ 내린다.

3
단계

2단계 30회 받아쓰기
QR코드를 찍으면
받아쓰기 음성이
나옵니다.

불러 주는 말을 잘 듣고 띄어쓰기에 유의하여 받아 써 보세요.

[1] ｜　｜∨｜굴｜　｜　｜　｜　｜　｜　｜　｜　｜　｜

[2] ｜　｜　｜　｜게｜∨｜　｜다｜.｜　｜　｜　｜　｜　｜

[3] ｜　｜　｜　｜∨｜　｜　｜∨｜　｜　｜　｜　｜.｜

6
주
30
회

해
설
편
0
1
5
쪽

좇다(목표) / 쫓다(물체)

영화관을 나오던 윤영이는 친구들에게 방금 본 영화에서 이해가 가지 않는 부분에 대해 물었습니다.

윤영: 왜 주인공은 굳이 하지 않아도 되는 일을 해서 위기에
빠졌을까?

소원: 정신없이 꿈을 { ① 좇다 ② 쫓다 } 보니 그랬던 것 아닐까?

정수: 맞아, 그게 아니라면 다른 이유는 찾지 못하겠어.

'좇다'와 '쫓다'는 비슷한 말처럼 보이지만 그 뜻은 전혀 다릅니다. '좇다'는 '꿈, 행복 등을 추구하다'라는 뜻이고, '쫓다'는 '어떤 대상을 만나거나 잡기 위해 뒤따르다'라는 뜻입니다. 다시 말해 '좇다'는 어떤 추상적인 목표를 이루려 한다는 말이고, '쫓다'는 사람이나 동물 등 구체적인 목표물을 따라간다는 것입니다. 예를 들어 '좇다'는 '명예를 좇다', '성공을 좇다' 등으로 쓸 수 있고, '쫓다'는 '도둑을 쫓다', '공을 쫓다' 등으로 쓸 수 있습니다.

좇다: 꿈, 행복 등을 추구하다.
'명예를 좇다', '성공을 좇다' 등.

쫓다: 어떤 대상을 만나거나 잡기 위해 뒤따르다.
'도둑을 쫓다', '공을 쫓다' 등.

✎ **바르게 고쳐 보세요.**   정답: 015쪽

소원: 정신없이 꿈을 쫓다 보니 그랬던 것 아닐까?

→ 정신없이 꿈을 [　][　] 보니 그랬던 것 아닐까?

7주차

회차	영역	학습 내용	학습계획일	맞은 문제수
31회	속담	**목마른 사람이 우물 판다** 뭔가 상황을 해결할 마음이 급한 사람일수록 직접 움직여서 그 방법을 찾습니다. 이럴 때 '**목마른 사람이 우물 판다**'고 표현합니다. 즉, '**급하고 필요한 사람이 그 일을 서둘러 하게 되어 있다**'라는 뜻입니다.	월 일	독 해 6문제 중 ☐ 개 맞춤법·받아쓰기 9문제 중 ☐ 개
32회	관용어	**발이 넓다** 여러 방면으로 아는 사람이 많은 친구를 보고 '**발이 넓다**'고 표현합니다. 즉, '**사귀어 아는 사람이 많아 활동하는 범위가 넓다**'라는 뜻입니다.	월 일	독 해 6문제 중 ☐ 개 맞춤법·받아쓰기 9문제 중 ☐ 개
33회	사자성어	**인산인해(人山人海)** 사람들이 바글바글 몰려 있는 광경을 본 적 있나요? 그런 광경을 보고 '**인산인해(人山人海)**'라고 한답니다. 즉, '**사람이 수없이 많이 모인 상태**'를 뜻합니다.	월 일	독 해 6문제 중 ☐ 개 맞춤법·받아쓰기 9문제 중 ☐ 개
34회	속담	**벼 이삭은 익을수록 고개를 숙인다** 공부를 많이 하고 지위가 높을수록 오히려 자만하지 않는 겸손한 모습을 보고 '**벼 이삭은 익을수록 고개를 숙인다**'라고 말합니다. 벼 이삭이 씨앗에서 자라 완전히 익어 갈 때의 모습이 마치 '**많은 지식과 교양을 쌓은 사람이 겸손하게 고개를 숙인 모습**' 같다고 해서 만들어진 표현입니다.	월 일	독 해 6문제 중 ☐ 개 맞춤법·받아쓰기 9문제 중 ☐ 개
35회	관용어	**손이 맞다** 친구와 무언가를 할 때 일이 술술 잘 풀린다면 기분이 정말 좋아집니다. 그런 경우에 '**손이 맞다**'라는 표현을 씁니다. 즉, '**함께 일할 때 생각이나 방법이 서로 잘 어울린다**'는 뜻입니다.	월 일	독 해 6문제 중 ☐ 개 맞춤법·받아쓰기 9문제 중 ☐ 개

31회 목마른 사람이 우물 판다[*]

뭔가 상황을 해결할 마음이 급한 사람일수록 직접 움직여서 그 방법을 찾습니다. 이럴 때 '목마른 사람이 우물 판다'고 표현합니다. 즉, '급하고 필요한 사람이 그 일을 서둘러 하게 되어 있다'라는 뜻입니다.

공부한 날 [ ]월 [ ]일   시작 시간 [ ]시 [ ]분

>>> QR코드를 찍으면 지문 읽기를 들을 수 있어요.

2단계 31회 본문

키가 큰 친구와 작은 친구가 함께 여행을 하다 깊은 산속에서 길을 잃었습니다. 그런데 저 멀리에 **오두막**^① 한 채가 보였습니다. 두 친구는 오두막으로 헐레벌떡 달려갔습니다.

"혹시 안에 누구 계십니까? 산속에서 길을 잃었습니다."

그런데 집 안에서는 아무런 소리도 들리지 않았습니다. 두 친구는 천천히 오두막의 문을 열어 보았습니다. 안은 따뜻하고 **아늑했습니다**^②. 두 친구는 우선 오두막에 들어가기로 했습니다. 오두막에 들어가 보니, 천장에 과일 바구니가 매달려 있는 것이 보였습니다.

"저길 봐! 과일 바구니가 있어!"

그런데 천장은 너무 높아서 도저히 손이 닿지 않았습니다. 키가 큰 친구는 한참 동안 손을 뻗어 보다가 자리에 털썩 주저앉았습니다.

"그만 포기하자. 저렇게 높이 달려 있는 바구니를 어떻게 우리가 꺼내?"

그런데 키 작은 친구는 포기하지 않았습니다.

"**목마른 사람이 우물을 파는 거야**[*]. 나는 방법을 계속 찾아 볼 거야. 누군가 저기에 바구니를 매달 때 썼던 방법이 있을 거야."

키 작은 친구는 포기하지 않고 집 안을 여기저기 뒤졌습니다. 그러다 마침내 집 안 구석에 있던 사다리를 찾아냈습니다. 키 작은 친구는 사다리를 밟고 올라가 과일을 꺼내 먹을 수 있었습니다.

– 탈무드

1 산속에서 두 친구가 들어간 곳은 어디인지 골라 〇표를 해 보세요.

[   ]

[   ]

2 두 친구가 한 말을 이야기의 내용에 알맞게 선으로 이어 보세요.

키 작은 친구 •

키 큰 친구 •

• 배고픈 사람은 나니까 나는 방법을 계속 찾아볼 거야.

• 그만 포기하자. 저렇게 높이 달려있는 바구니를 어떻게 우리가 꺼내?

7주
31
회

해설편 016쪽

3 키 작은 친구가 과일 바구니를 내리기 위해 찾아낸 방법에 〇표를 해 보세요.

오두막 구석에 있던 사다리를 찾아서 밟고 올라갔다.

오두막 지붕에 올라가 줄을 타고 내려왔다.

[   ]

[   ]

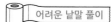 어려운 낱말 풀이

① **오두막** 사람이 겨우 살 수 있을 정도로 작게 지은 집 - 幕장막 막
② **아늑했습니다** 따뜻하고 포근한 느낌이 있었습니다

4 '목마른 사람이 우물 판다'라는 속담의 뜻에 알맞은 말을 골라 ◯표를 해 보세요.

'목마른 사람이 우물 판다'는 말은 { 급하고 필요한 / 남을 돕고 싶은 } 사람이

그 일을 { 천천히 / 서둘러 } 한다는 뜻입니다.

5 '목마른 사람이 우물 판다'는 속담과 어울리는 행동을 한 친구에 ◯표를 해 보세요.

다솔: 친구들과 축구를 하고 싶어서 내가 축구공을 가져 왔어. ·················· [   ]

승한: 개학이 내일 모레네. 일기도 미리 쓰고 숙제도 미리 하길 잘했어. ·················· [   ]

6 화살표가 가리키는 것에 알맞은 낱말을 [보기]에서 찾아 써 보세요.

[보기]   바닥   창문   천장

1단계

다음 뜻에 알맞은 낱말을 골라 빈칸에 옮겨 써 보세요.

[1] 길을 찾지 못하다.

① 닿다.   ② 잃다.

[2] 숨을 가쁘고 거칠게 몰아쉬는 모양

① 여기저기   ② 헐레벌떡

[3] 줄이나 실로 묶어서 걸다.

① 매달다.   ② 꺼내다.

2단계

2단계 31회 받아쓰기2
QR코드를 찍으면 받아쓰기 음성이 나옵니다.

불러 주는 말을 잘 듣고 빈칸을 알맞게 채워 보세요.

[1] ☐ ☐ 산 속

[2] 손이 ☐ ☐ .

[3] 집안을 ☐ ☐ ☐ .

3단계

2단계 31회 받아쓰기
QR코드를 찍으면 받아쓰기 음성이 나옵니다.

불러 주는 말을 잘 듣고 띄어쓰기에 유의하여 받아 써 보세요.

[1] | 과 | 일 | V | | | | | V | | | ! | | | |

[2] | | | V | | | 이 | V | | V | 다 | . |

[3] | | | | V | | V | | | | . |

시간   끝난 시간 ☐ 시 ☐ 분   채점   독해 6문제 중 ☐ 개

1회분 푸는 데 걸린 시간 ☐ 분   맞춤법·받아쓰기 9문제 중 ☐ 개

32회 발이 넓다*

여러 방면으로 아는 사람이 많은 친구를 보고 '발이 넓다'고 표현합니다. 즉, '사귀어 아는 사람이 많아 활동하는 범위가 넓다'라는 뜻입니다.

공부한 날 [ ]월 [ ]일 시작 시간 [ ]시 [ ]분

>>> QR코드를 찍으면
지문 읽기를 들을 수 있어요.

2단계 32회 본문

먼 옛날에 '나무도령'이라고 하는 아이가 살았습니다. 나무도령은 옆집에 사는 여자아이를 좋아했습니다.

어느 날, 나무도령은 그 아이가 어두운 얼굴을 하고 있는 것을 보게 되었습니다.

"왜 그래?"

"밭을 **갈아야**① 농사를 지을 텐데, 일할 사람이 구해지지 않아 걱정이야."

나무도령은 마음씨가 착해서 동물들에게 먹을 것을 나눠 주곤 했는데, 그 덕에 동물 친구들이 많았습니다. 나무도령은 멧돼지를 찾아가 말했습니다.

"멧돼지야, 밭을 갈아 줄 수 있겠니?"

멧돼지는 하룻밤 동안 밭을 모두 갈아 주었습니다. 그래도 여자아이의 얼굴은 펴지지 않았습니다. 아직 씨를 뿌리는 일이 남아 있었기 때문입니다.

"참새들아, 혹시 밭에 씨를 심어 줄 수 있어?"

나무도령의 말에 참새들은 씨앗을 부리에 물고 땅을 쑤시며 씨앗을 심어 주었습니다. 씨앗을 다 심어 갈 무렵, 얼굴이 **창백해진**② 여자아이가 멀리서 달려왔습니다.

"나무도령아, 내가 씨앗을 착각해서 잘못 준 것 같아! 어떡하지?"

나무도령은 개미들을 불러 씨앗을 가져와 달라고 부탁했습니다. 개미들은 땅속의 씨앗들을 다시 물어다 주었습니다. 그 모습을 보고 여자아이가 감탄하며 말했습니다.

"이렇게 도와줄 친구들이 많다니, 너 정말 **발이 넓구나!**"

그 후로도 나무도령은 그 여자아이와 동물 친구들과 함께 행복하게 살았습니다.

어려운 낱말 풀이

① **갈아야** 농사를 짓기 위해 쟁기 따위로 땅을 뒤집어엎어야
② **창백해진** 새파랗게 질린 蒼푸를 창 白흰 백 -

1 나무도령에게 동물 친구가 많은 까닭은 무엇인지 골라 보세요. ─────────── [　　　　]

① 동물들에게 먹을 것을 나눠 주곤 해서

② 동물들과 친하게 지내는 재주를 타고나서

③ 어릴 때 동물들의 품에서 자라났기 때문에

2 이 이야기에 나오는 동물들이 한 일에 맞게 선으로 이어 보세요.

　　　•　　　　　　　•　땅속의 씨앗 꺼내기

　　　•　　　　　　　•　밭 갈기

　　　•　　　　　　　•　씨앗 심기

3 다음 중 '밭을 갈다'와 어울리는 그림에 ○표를 해 보세요.

[　　　　]　　　　　　　　[　　　　]

4 다음 중 '발이 넓다'의 뜻을 골라 보세요. ··· [   ]

① 걸음걸이가 크다

② 아는 사람이 많다

5 '발이 넓다'와 어울리는 이야기에 ○표를 해 보세요.

어머니께서는 아는 사람이 많으시다. 컴퓨터가 망가져도 고쳐 줄 친구가 있고, 그릇을 살 때도 도자기 굽는 친구의 물건을 싸게 구하신다. 참 **발이 넓으신** 분이다.	내 친구는 할 줄 아는 것이 정말 많다. 컴퓨터도 고칠 줄 알고, 종이접기도 잘하고, 영어도 어느 정도 하는 데다 글쓰기도 잘한다. 내 친구는 정말 **발이 넓다.**

[   ]   [   ]

6 다음 그림을 보고 [보기]에서 알맞은 표현을 찾아 기호를 써 보세요.

[보 기]　　ⓐ 얼굴을 찌푸리다.

　　　　　　ⓑ 얼굴이 펴지다.

 ·· [   ]

 ·· [   ]

1단계

다음 뜻에 알맞은 낱말을 골라 빈칸에 옮겨 써 보세요.

[1] 옆에 있는 집

① 옆집　　② 농사

[2] 안심이 되지 않아 속을 태움

① 걱정　　② 착각

[3] 농사를 짓기 위해 쟁기 따위로 땅을 파서 뒤집다.

① 갈다.　　② 심다.

2단계

2단계 32회 받아쓰기2
QR코드를 찍으면
받아쓰기 음성이
나옵니다.

불러 주는 말을 잘 듣고 빈칸을 알맞게 채워 보세요.

[1] ☐☐ 갈아야 해.

[2] ☐☐☐ 뿌리다.

[3] 발이 정말 ☐☐☐!

3단계

2단계 32회 받아쓰기
QR코드를 찍으면
받아쓰기 음성이
나옵니다.

불러 주는 말을 잘 듣고 띄어쓰기에 유의하여 받아 써 보세요.

[1] | 어 | 두 | 운 | ∨ | | | | | | | | | | |

[2] | | | | 아 | , | ∨ | | | | | 지 | ? |

[3] | | | | ∨ | | | | ∨ | | | | |

시간  끝난 시간 ☐ 시 ☐ 분

1회분 푸는 데 걸린 시간 ☐ 분

채점 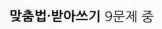 독해 6문제 중 ☐ 개

맞춤법·받아쓰기 9문제 중 ☐ 개

인산인해(人 山 人 海)*
사람 인   산 산   사람 인   바다 해

사람들이 바글바글 몰려 있는 광경을 본 적 있나요? 그런 광경을 보고 '인산인해(人山人海)'라고 한답니다. 즉, '사람이 수없이 많이 모인 상태'를 뜻합니다.

>>> QR코드를 찍으면
지문 읽기를 들을 수 있어요.
2단계 33회 본문

공부한 날 ☐ 월 ☐ 일 시작 시간 ☐ 시 ☐ 분

어느 시골 마을에 아주 부자인 노인이 살았습니다. 노인은 매일 자신의 식탁을 **진귀한**① 음식으로 가득 채웠지만 다른 사람들과는 절대 나누지 않았습니다.

그러던 어느 날 노인의 집으로 **손녀**②가 찾아와 이렇게 말했습니다.

"할아버지! 이 집에서 가장 큰 냄비를 빌려주시면 제가 세상에서 가장 맛있는 수프를 끓여 드릴게요."

수프가 어떤 맛일지 궁금했던 노인은 주방에서 가장 큰 냄비를 꺼내 손녀에게 주었습니다. 손녀는 냄비에 물을 채우고 팔팔 끓이기 시작했습니다. 그리고는 노인이 들을 수 있게 낮은 목소리로 중얼거렸습니다.

"아, 양파가 있었다면 완벽한 수프가 되었을 텐데!"

이 말을 들은 노인은 수프의 맛이 더욱 궁금해져서 뒤뜰에서 직접 기르던 양파를 가져다 주었습니다. 손녀는 계속해서 중얼거렸습니다.

"아, 버섯이 있었다면 완벽한 수프가 되었을 텐데!"

"아, 고기만 있었다면 정말 완벽한 수프가 되었을 텐데!"

이 말을 들은 노인은 **신선한**③ 버섯과 고기를 꺼내 주었습니다.

그렇게 완성된 수프는 어느덧 냄비를 가득 채웠습니다.

"할아버지, 수프가 너무 많으니 마을 사람들을 초대해 나눠 먹는 것이 어떨까요?"

손녀의 **제안**④에 노인이 **마지못해**⑤ 고개를 끄덕이자 손녀는 큰 소리로 마을 사람들을 불러 모았고, 곧 노인의 집 앞은 마을 사람들로 **인산인해***를 이루었습니다. 처음으로 마을 사람들과 함께 웃고 떠들며 수프를 나누어 먹은 노인은 나눔의 기쁨을 알게 되었습니다. 그 후 노인은 마을 사람들과 좋은 것이 생기면 함께 나누며 살게 되었습니다.

– 다른 나라 전래 동화

1 손녀가 수프를 일부러 많이 끓인 까닭이 무엇인지 골라 보세요. ------------------ [   ]

① 마을 사람들을 초대해 할아버지께 나눔의 기쁨을 알려드리기 위해서

② 수프를 끓이다 보니 배가 고파져서

③ 할아버지께서 수프를 충분히 맛볼 수 있게 하기 위해서

2 다음 중 수프에 들어가지 <u>않은</u> 재료를 골라 보세요.

↑ 양파   ↑ 당근   ↑ 버섯   ↑ 고기

[   ]   [   ]   [   ]   [   ]

7
주
33
회

해
설
편
0
1
7
쪽

3 이 이야기에서 일어난 일을 차례대로 기호를 써 보세요.

> ㉠ 손녀가 노인의 집을 찾아갑니다.
>
> ㉡ 노인이 마을 사람들과 좋은 음식을 함께 나눕니다.
>
> ㉢ 노인이 혼자만 맛있는 음식을 먹습니다.
>
> ㉣ 손녀가 수프를 만듭니다.

[   ] ➔ [   ] ➔ [   ] ➔ [   ]

어려운 낱말 풀이   ① **진귀한** 보기 드물고 귀한 珍보배 진 貴귀할 귀 -   ② **손녀** 자식의 딸 孫손자 손 女여자 녀

② **신선한** 싱싱한 新새 신 鮮고울 선 -   ④ **제안** 어떻게 하자는 의견 提끌 제 案생각 안

⑤ **마지못해** 어쩔 수 없이

4 '인산인해'라는 사자성어는 무슨 뜻인지 골라 보세요. ─────── [   ]

① 사람이 셀 수 없이 많이 모이다

② 나쁜 사람을 가까이하면 물들기 쉽다

③ 끊임없는 노력으로 원하는 것을 이루었다

5 다음 중 '인산인해'를 알맞게 쓴 문장에 ○표, 잘못 쓴 문장에 ×표를 해 보세요.

• 미래 초등학교의 운동장은 입학식에 참가하려는 어린이와 가족들로 **인산인해**를 이루고 있습니다. ────────────────────────────── [   ]

• 잘 나가던 학교 앞 식당은 주방장이 바뀌고 나서부터 손님이 줄어들어 **인산인해**를 이루었습니다. ────────────────────────────── [   ]

• 시청 앞 잔디광장은 유명한 가수의 공연을 앞두고 관객들로 **인산인해**를 이루었습니다. ────────────────────────────── [   ]

6 '인산인해'와 **반대**되는 뜻으로 쓰이는 표현을 골라 보세요. ───── [   ]

① 파리만 날린다

② 사공이 많으면 배가 산으로 간다

③ 가는 말이 고와야 오는 말이 곱다

1
단계

다음 뜻에 알맞은 낱말을 골라 빈칸에 옮겨 써 보세요.

[1] 음식을 끓이는 데 쓰는 도구

    ① 냄비   ② 주방

[2] 중간에 어떤 것이 없이 바로

    ① 직접   ② 절대

[3] 흠이 없이 완전한

    ① 신선한   ② 완벽한

2
단계

2단계 33회 받아쓰기2
QR코드를 찍으면
받아쓰기 음성이
나옵니다.

불러 주는 말을 잘 듣고 빈칸을 알맞게 채워 보세요.

[1] 맛이 ☐☐☐☐.

[2] ☐☐에서 길렀다.

[3] 손녀의 ☐☐

3
단계

2단계 33회 받아쓰기
QR코드를 찍으면
받아쓰기 음성이
나옵니다.

불러 주는 말을 잘 듣고 띄어쓰기에 유의하여 받아 써 보세요.

[1] | | | ∨ | 음 | 식 | | | | | | | | | |

[2] | | 해 | ∨ | | 를 | ∨ | | | 다 | . | | |

[3] | | | | | ∨ | | | | | | . | |

시간   **끝난 시간** ☐ 시 ☐ 분   채점   **독해** 6문제 중   ☐ 개

        1회분 푸는 데 걸린 시간 ☐ 분   **맞춤법·받아쓰기** 9문제 중 ☐ 개

34회 벼 이삭은 익을수록 고개를 숙인다*

공부를 많이 하고 지위가 높을수록 오히려 자만하지 않는 겸손한 모습을 보고 '벼 이삭은 익을수록 고개를 숙인다'라고 말합니다. 벼 이삭이 씨앗에서 자라 완전히 익어 갈 때의 모습이 마치 '많은 지식과 교양을 쌓은 사람이 겸손하게 고개를 숙인 모습' 같다고 해서 만들어진 표현입니다.

공부한 날 [ ] 월 [ ] 일 시작 시간 [ ] 시 [ ] 분

>>> QR코드를 찍으면 지문 읽기를 들을 수 있어요.
2단계 34회 본문

↑ 한석봉의 표준영정

　글씨 쓰는 **재주**①가 뛰어났던 소년 한석봉은 10년 동안 **절**②에서 공부를 하기로 했습니다. 그런데 한석봉은 공부를 시작한 지 3년 만에 자기 멋대로 집에 돌아왔습니다. 한석봉의 어머니가 일찍 돌아온 이유를 묻자 한석봉은 이렇게 대답했습니다.

　"어머니, 비록 3년이었지만 충분히 많은 공부를 했기 때문에 더 익힐 것이 없어서 돌아왔습니다."

　"그렇다면 네가 얼마나 글을 잘 쓰는지 확인해야겠다. 나는 떡을 썰 테니 너는 글을 써 보거라."

　이렇게 말한 어머니는 방 안의 불을 꺼버렸고 곧 붓이 종이를 스치는 소리, 떡이 썰리는 소리만이 들렸습니다. 잠시 후, 어머니는 다시 불을 붙여 방 안을 밝혔습니다. 그리고 떡과 글을 확인해 보았습니다. 어머니의 떡은 일정한 크기로 잘 썰려 있었지만 한석봉의 글씨는 삐뚤빼뚤하게 쓰여 있었습니다. 어머니는 한석봉의 손을 잡고 말했습니다.

　"이제 부족함을 알겠느냐? 가을 들판의 벼 이삭을 보거라. 잘 익은 벼 이삭이 무게 때문에 고개를 숙이는 모습이 떠오르지? 이처럼 **벼 이삭은 익을수록 고개를 숙인단다.*** 사람도 마찬가지야. 배우면 배울수록 **자만**③하지 말고 **겸손**④하게 행동하는 사람이 되도록 하거라."

　자신의 부족함을 인정한 한석봉은 다시 한번 공부를 위해 떠났고, 7년 동안 열심히 공부한 끝에 나라에서 제일가는 **명필**⑤이 되어 돌아왔다고 합니다.

　- 역사 속 인물 이야기

어려운 낱말 풀이 | ① **재주** 무엇을 잘할 수 있는 타고난 소질 　② **절** 승려가 불상을 모시는 집 　③ **자만** 자신이나 자신과 관련 있는 것을 자랑하고 뽐냄 自스스로 자 慢게으를 만 　④ **겸손** 남을 존중하고 자신을 낮추는 태도가 있음 謙겸손할 겸 遜겸손할 손 　⑤ **명필** 글씨를 잘 쓰기로 유명한 사람 名이름 명 筆붓 필

1 이 이야기에서 일이 일어난 순서에 맞게 번호를 써 보세요.

> 다시 절에 들어가 공부를 한 한석봉은 열심히 노력한 끝에 나라에서 제일가는 명필이 되었다.

> 더 익힐 것이 없다는 한석봉의 말에 어머니는 글쓰기를 시켜 보았고 한석봉은 자신의 부족함을 알게 되었다.

> 10년 동안 공부를 하기 위해 절에 갔던 한석봉은 3년 만에 집으로 돌아왔다.

[   ]　　　　　[   ]　　　　　[   ]

해설편 017쪽

2 한석봉이 3년 만에 집에 돌아온 까닭은 무엇인지 골라 보세요. ─────── [   ]

① 여행을 떠나기 위해서

② 절에서 쫓겨났기 때문에

③ 더 공부할 것이 없다고 생각해서

3 불을 켰을 때 한석봉의 글씨와 어머니가 썬 떡의 모습이 어땠을지 각각 선으로 이어 보세요.

　　　　한석봉의 글씨　　　　　　　　　　어머니가 썬 떡

　　　　　　　•　　　　　　　　　　　　　　•

　•　　　　　　　•　　　　　　　•　　　　　　　•

　　　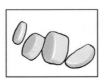　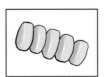

4 어머니가 '벼 이삭은 익을수록 고개를 숙인다'라고 말씀하신 이유를 이야기에서 찾아 빈칸을 채워 보세요.

한석봉의 어머니가 '벼 이삭은 익을수록 고개를 숙인다'라는 말을 했던 이유는

말 그대로 벼가 익을수록 고개를 숙이듯이 사람도 성장할수록

[　][　] 하지 않고 [겸][　] 하게 행동해야 함을 가르쳐 주기

위해서였습니다.

5 어머니가 한석봉에게 말씀하신 가을의 모습으로 알맞은 것에 ○표를 해 보세요.

[　　　]

[　　　]

6 '벼 이삭은 익을수록 고개를 숙인다'라는 말이 어울리는 친구를 골라 ○표를 해 보세요.

모두가 어려워하는 일에 앞장서서 친구들이 믿고 따르는 **찬수**	열심히 공부해 항상 칭찬을 받지만 뽐내지 않고 겸손한 **정문**	친구의 물건을 허락 없이 사용하다가 망가뜨려서 사과한 **소연**

[　　　]　　　　　[　　　]　　　　　[　　　]

34회 맞춤법·받아쓰기

1단계 다음 뜻에 알맞은 낱말을 골라 빈칸에 옮겨 써 보세요.

[1] 목을 포함한 머리 부분

① 고개　　② 무게

[2] 환하게 하여 사물을 또렷하게 비치게 하다.

① 익히다.　② 밝히다.

[3] 자신을 스스로 자랑하며 뽐냄

① 자만　　② 인정

2단계 34회 받아쓰기2

QR코드를 찍으면
받아쓰기 음성이
나옵니다.

2단계 불러 주는 말을 잘 듣고 빈칸을 알맞게 채워 보세요.

[1] 자기

[2] ☐☐☐ 숙이는

[3] 잘 익은 벼

2단계 34회 받아쓰기

QR코드를 찍으면
받아쓰기 음성이
나옵니다.

3단계 불러 주는 말을 잘 듣고 띄어쓰기에 유의하여 받아 써 보세요.

[1]

| 글 | 씨 | ∨ | | | ∨ | | | | | | | |

[2]

| | | 을 | ∨ | | | ∨ | 한 | | | | |

[3]

| | | | | ∨ | | | | | ∨ | | | |

7
주
34
회

해
설
편
0
1
7
쪽

 시간 끝난 시간 ☐시 ☐분

1회분 푸는 데 걸린 시간 ☐분

 채점 독해 6문제 중 ☐개

맞춤법·받아쓰기 9문제 중 ☐개

35회 손이 맞다*

친구와 무언가를 할 때 일이 술술 잘 풀린다면 기분이 정말 좋아집니다. 그런 경우에 '손이 맞다'라는 표현을 씁니다. 즉, '함께 일할 때 생각이나 방법이 서로 잘 어울린다'는 뜻입니다.

공부한 날 [ ]월 [ ]일 시작 시간 [ ]시 [ ]분

>>> QR코드를 찍으면
지문 읽기를 들을 수 있어요.

2단계 35회 본문

배고픈 사자는 오늘은 꼭 토끼와 노루를 잡아먹어야겠다고 생각했습니다.

"**늘**^① 저 녀석들을 잡지 못하다니. 오늘은 꼭 잡고야 말겠어."

하지만 귀가 큰 토끼는 사자가 다가오는 소리를 **금방**^② 들을 수 있었습니다. 토끼는 **곧바로**^③ 노루에게 사자가 다가오고 있다고 말해 주었습니다. 그러자 노루는 긴 다리를 접으며 말했습니다.

"토끼야, 내 등에 올라타."

노루는 토끼를 등에 태우고 긴 다리로 빠르게 도망쳤습니다. 사자는 화를 내며 말했습니다.

"이번에도 또 **실패**^④야?"

토끼와 노루는 사자와 멀리 떨어진 곳에서 멈추었습니다. 그리고 서로 **마주 보며**^⑤ 말했습니다.

"고마워, 토끼야. 너의 큰 귀 **덕분**^⑥에 사자가 오는 것을 알 수 있었어."

"아니야, 나야말로 너의 긴 다리가 아니었다면 도망치기 어려웠을 거야."

토끼와 노루는 웃으며 함께 말했습니다.

"우리는 정말 **손이 잘 맞는** 친구구나!"

토끼와 노루는 계속해서 사이좋게 지내며 살았습니다.

– 이솝 우화

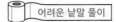 어려운 낱말 풀이 ┤ ① 늘 계속하여 언제나   ② 금방 재빨리 今이제 금 方모 방   ③ 곧바로 바로 그 즉시에
④ 실패 일을 잘못하여 뜻한 대로 되지 아니하거나 그르침 失잃을 실 敗깨뜨릴 패
⑤ 마주 보며 서로를 향하여 보며   ⑥ 덕분 베풀어 준 은혜나 도움 德덕 덕 分나눌 분

1 다음 중 사자가 잡아먹으려고 한 동물을 <u>모두</u> 골라 ○표를 해 보세요. (답 2개)

[   ]   [   ]   [   ]

7주
35
회

해설편
0
1
8
쪽

2 토끼와 노루가 사자에게서 도망칠 수 있었던 까닭은 무엇인지 찾아 빈칸을 채워 보세요.

귀가 큰 ☐☐ 는 사자가 다가오는 소리를 들어서 노루에게 알려 주었고,

다리가 긴 ☐☐ 는 토끼를 등에 태우고 도망칠 수 있었습니다.

3 다음 단어와 뜻을 보고 빈칸에 알맞은 말을 써 보세요.

> • **덕분**: 베풀어 준 은혜나 도움
> • **때문**: 어떤 일의 원인이나 이유

[1] 나는 수연이 ☐☐ 에 반장이 될 수 있었다.

[2] 미술 시간에 민정이 ☐☐ 에 물감을 쏟았다.

4 다음 글을 읽고 '손이 맞다'는 무슨 뜻일지 골라 보세요. ┈┈┈┈┈┈┈ [   ]

> 이야기 속에서 토끼는 귀가 커서 사자가 다가오는 소리를 들을 수 있었습니다. 그리고 노루는 다리가 길어서 토끼를 태우고 빠르게 도망칠 수 있었습니다. 이 둘은 **손이 맞는** 친구입니다.

① 각자 생김새가 다르다는 뜻

② 손바닥의 크기가 서로 똑같다는 뜻

③ 함께 일할 때 생각이나 방법이 서로 잘 어울린다는 뜻

5 다음 중 '손이 맞는' 상황을 골라 ○표를 해 보세요.

[1] 가위바위보에서 이긴 소영이는 현주와 손을 맞부딪쳤다. ┈┈┈┈┈ [   ]

[2] 유현이는 신호등의 신호가 빨리 바뀌어서 학교에 늦지 않았다. ┈┈┈ [   ]

[3] 지후는 그림을 그리고 영지는 글을 써서 멋진 동화책을 만들었다. ┈┈┈ [   ]

6 아래 빈칸에 공통으로 들어갈 낱말을 골라 ○표를 해 보세요.

> 1. 아빠가 나를 말에 ☐☐☐.
>
> 2. 동생과 라면을 끓이다가 가스 불에 냄비를 ☐☐☐.

> 올렸다   태웠다   내렸다   뿌렸다

1단계

다음 뜻에 알맞은 낱말을 골라 빈칸에 옮겨 써 보세요.

[1] 바로 그 즉시

① 빠르게   ② 곧바로

[2] 은혜나 도움

① 사이   ② 덕분

[3] 동물을 잡아 고기를 먹다.

① 다가오다.   ② 잡아먹다.

2단계

2단계 35회 받아쓰기2
QR코드를 찍으면
받아쓰기 음성이
나옵니다.

불러 주는 말을 잘 듣고 빈칸을 알맞게 채워 보세요.

[1] ☐☐☐ 어린이날

[2] ☐☐ 보니 네 말이 맞다.

[3] 멀리 ☐☐☐ 곳

3단계

2단계 35회 받아쓰기
QR코드를 찍으면
받아쓰기 음성이
나옵니다.

불러 주는 말을 잘 듣고 띄어쓰기에 유의하여 받아 써 보세요.

[1] | 토 | 끼 | 와 | ∨ | | | | | | | | | | | |

[2] | | 이 | ∨ | 잘 | ∨ | | 는 | ∨ | | | | | | |

[3] | | | | | ∨ | | ∨ | | | | ? | | | |

7
주
35
회

해
설
편
0
1
8
쪽

시간 끝난 시간 ☐시☐분   채점 독해 6문제 중 ☐개

1회분 푸는 데 걸린 시간 ☐분   맞춤법·받아쓰기 9문제 중 ☐개

익다가 가진 여러 가지 뜻

잘 익은 사과와 **잘 익은 고기**는 비슷한 말처럼 들리지만, 각각 '익다'라는 낱말을 서로 다른 뜻으로 쓰고 있습니다. 마찬가지로 **손에 익은 일**과 **낯이 익은 얼굴**의 '익다' 역시 서로 다른 뜻을 가지고 있습니다. '익다'가 가지고 있는 여러 가지 뜻은 다음과 같습니다.

[열매가 익다]

여기서 '익다'는 '**열매나 씨가 여물다**'라는 뜻입니다. 어떤 열매든 처음에는 새파랗고 딱딱하지만 시간이 지나면 잘 익어 맛있게 먹을 수 있게 됩니다.

예 감나무에 새빨갛게 잘 <u>**익은**</u> 감들이 주렁주렁 열려 있었다.
      ↳ 여문

[고기가 익다]

여기서 '익다'는 '**고기나 채소, 곡식에 열을 가해서 맛이 달라지다**'라는 뜻입니다. 고기를 익히기 위해서는 불판에 굽거나 물에 넣고 삶는 등 여러 가지 방법이 있습니다.

예 돼지고기를 푹 <u>**익혀야**</u> 배탈이 나지 않는다.
     ↳ 열을 가해서 달라지게 해야

[손에 익다]

'**자주 해서 조금도 서투르지 않다**'는 뜻입니다. 여러 번 해 본 경험이 있어서 익숙해진 일을 다시 하는 것은 전혀 어렵지 않겠지요?

예 지금은 어렵지만 <u>**손에 익히고**</u> 나면 어렵지 않게 다룰 수 있을 것이다.
      ↳ 자주 해 봐서 익숙해지고

[낯이 익다]

'**사람이나 풍경을 여러 번 보아서 어색하거나 이상하지 않다**'는 뜻입니다. 처음 학교를 간 날에는 교실이 어디 있는지 찾는 것도 어려웠지만, 방학을 할 때쯤 되면 학교를 오지 않는다는 것이 이상할 만큼 학교에 익숙해집니다. 그건 아마도 매일 학교를 다니면서 학교와 친구들에게 낯이 익었기 때문일 것입니다.

예 길을 걷다가 <u>**낯익은**</u> 얼굴을 보고 인사를 했더니, 일 학년 때 같은 반이었던 친구였다.
     ↳ 자주 봐서 친숙한

8주차

한 주간의 계획을 먼저 세워 보세요. 매일 학습을 마친 후 맞힌 문제의 개수를 쓰세요!

회차	영역	학습 내용	학습계획일	맞은 문제수
36회	고사성어	**십시일반(十匙一飯)** 열 사람이 밥을 한 숟가락씩 보태면 한 공기의 밥을 만들 수 있습니다. '**십시일반(十匙一飯)**'은 이처럼 '**여러 사람이 조금씩 힘을 합하면 한 사람을 돕기 쉽다**'는 뜻으로 쓰이는 사자성어입니다.	월 일	독 해 6문제 중 □ 개 맞춤법·받아쓰기 9문제 중 □ 개
37회	속담	**병 주고 약 준다** 어떤 사람이 자신에게 해로운 일을 해놓고 갑자기 좋은 일을 해주는 척을 하려고 할 때 '**병 주고 약 준다**'라고 합니다. 즉, '**나쁜 짓을 해놓고 교활하게 모른 척하면서 도와주는 척을 한다**'라는 의미입니다.	월 일	독 해 6문제 중 □ 개 맞춤법·받아쓰기 9문제 중 □ 개
38회	관용어	**입이 딱 벌어지다** 깜짝 놀라면 자연스럽게 입부터 벌어지게 됩니다. 이처럼 '**입이 딱 벌어지다**'라는 말은 '**매우 크게 놀라다**'라는 의미입니다.	월 일	독 해 6문제 중 □ 개 맞춤법·받아쓰기 9문제 중 □ 개
39회	사자성어	**천생연분(天生緣分)** 누군가와 모든 것이 잘 맞고 마음도 잘 통한다면 운명적인 사람을 만났다고 생각할 것입니다. 그럴 때 쓰는 말이 바로 '**천생연분(天生緣分)**'입니다. 즉, '**하늘이 정해 준 인연**'이라는 뜻입니다.	월 일	독 해 6문제 중 □ 개 맞춤법·받아쓰기 9문제 중 □ 개
40회	속담	**밑 빠진 독에 물 붓기** 밑은 '바닥'이라는 뜻으로, 바닥이 없는 항아리에는 아무리 물을 부어도 채워지지 않습니다. 이처럼 아무리 해도 소용없는 일을 하는 것을 두고 '**밑 빠진 독에 물 붓기**'라고 합니다. 즉 '**아무리 힘을 들여도 보람이 없는 일**'이라는 뜻입니다.	월 일	독 해 6문제 중 □ 개 맞춤법·받아쓰기 9문제 중 □ 개

고사성어 옛이야기에서 유래한 교훈이나 유래를 한자로 표현한 말

십시일반(十 匙 一 飯)*
열 십 숟가락 시 하나 일 밥 반

열 사람이 밥을 한 숟가락씩 보태면 한 공기의 밥을 만들 수 있습니다. '십시일반(十匙一飯)'은 이처럼 '여러 사람이 조금씩 힘을 합하면 한 사람을 돕기 쉽다'는 뜻으로 쓰이는 고사성어입니다.

공부한 날 ☐ 월 ☐ 일 시작 시간 ☐ 시 ☐ 분

>>> QR코드를 찍으면 지문 읽기를 들을 수 있어요.

2단계 36회 본문

　어느 날 스님 열 명이 살고 있는 **절**①에 손님이 찾아왔습니다. 손님도 스님이었습니다. 온 나라를 **두루**② 다니다가 잠시 **머물고자**③ 절에 온 것이었습니다. 배고프고 지친 스님을 그냥 보낼 수 없었던 절의 스님들은 따뜻하게 손님을 **맞아 주었습니다.**④

　하지만 문제가 있었습니다. 절에 있는 쌀이 얼마 없었습니다. 그 쌀로 밥을 지으면 열 명이 **겨우**⑤ 먹을 수 있었습니다.

　스님들은 모여서 방법을 **궁리**⑥하기 시작했습니다.

　"배고픈 손님을 굶길 수는 없지요. 그렇다고 또 우리 중 하나가 손님을 대신해서 굶으면 손님이 불편해서 밥을 드시지 않을 겁니다."

　"그렇다면 우리 모두가 한 숟가락씩 밥을 퍼서 드립시다. 그러면 밥 한 그릇은 나오지 않겠습니까?"

　스님들은 그 말대로 했습니다. 열 명이 밥을 한 숟가락씩 모으니 밥 한 그릇이 되었습니다. **십시일반***으로 열 명의 사람이 도우니 한 사람의 **몫**⑦이 금방 만들어진 것입니다.

　그렇게 배고픈 스님은 마음 편하게 밥을 먹을 수 있었습니다.

　- 유래

🧻 어려운 낱말 풀이 ① **절** 불교의 사원, 스님들이 머무르며 불교 행사를 하는 곳 ② **두루** 빠짐없이 골고루
③ **머물고자** 잠시 지내려고 ④ **맞아 주었습니다** 오는 사람이나 물건을 예의 있게 받아들여 주었습니다 ⑤ **겨우** 기껏해야 고작 ⑥ **궁리** 어떤 일을 잘 풀어내려고 이리저리 따져 깊이 생각하는 것 窮다할 궁 理다스릴 리 ⑦ **몫** 여럿으로 나누어 가지는 부분

1 손님이 찾아간 절에는 스님이 몇 명 살고 있었는지 골라 보세요. ─────── [   ]

① 한 명   ② 다섯 명   ③ 열 명

2 손님에게 드릴 밥이 없던 스님들은 어떻게 했는지 알맞은 것에 ○표를 해 보세요.

절에 있는 스님 중 한 명의 밥을 손님에게 드리기로 했다.

절에 있는 스님 모두가 한 숟가락씩 밥을 모아 손님에게 밥을 드리기로 했다.

[   ]   [   ]

3 절을 찾아온 스님은 몇 숟가락만큼의 밥을 먹을 수 있게 되었는지 골라 보세요.

──────────────────── [   ]

① 한 숟가락   ② 다섯 숟가락   ③ 열 숟가락

4 밥을 받은 손님의 표정은 어땠을지 알맞은 것을 골라 보세요. ─────── [   ]

①

②

③

5 다음은 '십시일반'의 한자입니다. 한자의 뜻을 보고 '십시일반'의 뜻을 빈칸을 채워 완성해 보세요.

十		匙		一		飯	
뜻	음	뜻	음	뜻	음	뜻	음
열	십	숟가락	시	한	일	밥	반

'십시일반'은 '☐ 숟가락을 모으면 밥 ☐ 그릇이 된다'라는 말입니다.

밥을 한 숟가락씩 모아도 사람이 많으면 밥 한 그릇이 되듯이, 작은 마음이라도

그 마음이 모이면 한 사람을 돕기 쉽다는 뜻입니다.

6 세 친구가 과자를 네 개씩 나눠 먹기로 했습니다. 그런데 한 친구가 더 왔습니다. 세 친구는 '십시일반'으로 모두 과자를 똑같이 나눠 먹기로 했습니다. 어떻게 나눠 먹으면 좋을지 오른쪽 그림에 과자를 그려 보세요.

36회 맞춤법·받아쓰기

1 단계

다음 뜻에 알맞은 낱말을 골라 빈칸에 옮겨 써 보세요.

[1] 빠짐없이 골고루

① 두루   ② 겨우

[2] 잠시 어떤 곳에 묵다.

① 머무르다.   ② 대신하다.

[3] 여럿으로 나누어 가지는 부분

① 명   ② 몫

2 단계

불러 주는 말을 잘 듣고 빈칸을 알맞게 채워 보세요.

[1] 밥 한 ☐☐

[2] 밥 한 ☐☐☐

[3] 친구가 ☐☐ 왔습니다.

2단계 36회 받아쓰기2
QR코드를 찍으면 받아쓰기 음성이 나옵니다.

3 단계

불러 주는 말을 잘 듣고 띄어쓰기에 유의하여 받아 써 보세요.

[1] | 따 | 뜻 | 하 | 게 | V | | | | | | . | | |

[2] | | 을 | V | | | V | | 는 | V | | 지 | . | |

[3] | | | | V | | | | | | | . | | |

2단계 36회 받아쓰기
QR코드를 찍으면 받아쓰기 음성이 나옵니다.

시간   끝난 시간 ☐ 시 ☐ 분   1회분 푸는 데 걸린 시간 ☐ 분

채점   독해 6문제 중 ☐ 개   맞춤법·받아쓰기 9문제 중 ☐ 개

37회 병 주고 약 준다*

어떤 사람이 자신에게 해로운 일을 해놓고 갑자기 좋은 일을 해주는 척을 하려고 할 때 '병 주고 약 준다'라고 합니다. 즉, '나쁜 짓을 해놓고 교활하게 모른 척하면서 도와주는 척을 한다'라는 의미입니다.

공부한 날 ☐ 월 ☐ 일 시작 시간 ☐ 시 ☐ 분

>>> QR코드를 찍으면 지문 읽기를 들을 수 있어요.

2단계 37회 본문

　욕심쟁이 영감님이 길을 가다 빨간 부채와 파란 부채를 주웠습니다. 마침 날이 더웠기 때문에 영감님은 빨간 부채를 부쳐 보았습니다. 그러자 코가 길어지기 시작했습니다. 깜짝 놀란 영감님은 이번엔 파란 부채를 부쳤습니다. 그러자 코가 다시 **원래대로①** 돌아왔습니다. 그 모습을 본 영감님은 좋은 생각이 났습니다.

　"사람들의 코를 몰래 길게 만든 다음, 돈을 받고 고쳐 주면 금방 부자가 될 거야!"

　그날 밤 영감님은 마을의 **온②** 집을 돌아다니며 빨간 부채로 사람들의 코를 길게 만들었습니다. 그리고 영감님이 길어진 코를 원래대로 고칠 수 있다고 소문을 냈습니다.

　다음 날이 되자 사람들은 길어진 코를 잡고 영감님의 집 앞에 줄을 섰습니다. 영감님은 사람들의 코를 원래대로 만들어 주고 돈을 받았습니다. 그렇게 영감님은 코를 늘였다 줄였다 하면서 **병 주고 약 주고를 반복③**하며 부자가 되었습니다.

　그러던 어느 날 영감님은 코가 어디까지 길어질지 궁금해 빨간 부채로 코를 계속 부쳤습니다. 하늘까지 길어진 코는 **옥황상제④**님의 옆구리를 찔렀습니다. 옥황상제님은 코를 확 **잡아챘습니다⑤**. 깜짝 놀란 영감님은 얼른 파란 부채를 부쳤습니다. 그러자 코가 원래대로 돌아가며 영감님은 하늘로 점점 올라갔습니다.

　계속해서 하늘로 올라간 영감님은 옥황상제님을 만났습니다.

　"이 **천하⑥**의 욕심쟁이 녀석! 사람들에게 **병 주고 약 주고** 하며 돈을 벌다니 참으로 **교활하구나⑦**. 죄를 뉘우치지 않으면 큰 벌을 내리겠다!"

　영감님은 땅으로 내려가 사람들에게 돈을 모두 돌려주었습니다. 그리고 다시는 욕심내지 않고 **정직하게⑧** 살았다고 합니다.

1 이 이야기에서 영감님이 주운 부채에는 어떤 비밀이 있었는지 써 보세요.

☐☐ 부채를 부치연 코가 길어지고, ☐☐ 부채를 부치연 코가

다시 원래대로 돌아왔습니다.

2 부채를 얻은 욕심쟁이 영감이 한 생각으로 알맞은 것에 ○표를 해 보세요.

'옳지! 사람들의 코를 몰래 길게 만들고 돈을 받고 고쳐 주면 금방 부자가 되겠지?'	'이렇게 이상한 부채라니, 다른 사람들한테는 절대로 쓰면 안 되겠어.'
[ ]	[ ]

3 옥황상제님이 욕심쟁이 영감을 혼낸 까닭은 무엇인지 골라 보세요. ------------------ [   ]

① 옥황상제님의 코가 길어져서

② 코가 어디까지 길어질지 궁금해서

③ 사람들의 코를 몰래 늘여 놓고는 모른 척 돈을 받고 고쳐 주어서

어려운 낱말 풀이 ① **원래대로** 처음 그대로 元으뜸 원 來올 래 - ② **온** 모든 ③ **반복** 같은 일을 되풀이함 反되돌릴 반 復돌아올 복 ④ **옥황상제** 하느님을 이르는 말 玉옥 옥 皇임금 황 上위 상 帝임금 제 ⑤ **잡아챘습니다** 재빠르게 잡고서 당겼습니다 ⑥ **천하의** 세상에 드문 天하늘 천 下아래 하 - ⑦ **교활하구나** 못된 짓을 안 들키고 잘하고 나쁜 꾀가 많구나 狡교활할 교 猾가지고 놀 활 - ⑧ **정직하게** 거짓 없이 참되고 곧게 正바를 정 直곧을 직 -

4 다음은 '병 주고 약 준다'라는 속담의 뜻입니다. 알맞은 낱말을 골라 속담의 뜻을 완성해 보세요.

'병 주고 약 준다'라는 속담은 남에게 몰래 { 예쁜 / 나쁜 } 짓을 해놓고는,

모른 체하여 교활하게 { 도와주는 / 방해하는 } 척을 한다는 뜻입니다.

5 다음 [물음]을 보고, 알맞은 것끼리 선으로 이어 보세요.

> [물음] 이 이야기 속 영감님은 부채로 사람들에게 '병 주고 약 주고' 하며 돈을 벌었습니다. 영감님의 부채들 중 '병 주고'에 어울리는 부채와 '약 주고'에 어울리는 부채를 각각 하나씩 이어 보세요.

병 주고 •

•

약 주고 •

•

6 다음 대화를 보고, 빈칸에 알맞은 말을 골라 보세요. ⸺⸺⸺ [   ]

냉장고에 있는 정민이의 음료수를 몰래 먹어야지. 그리고 물을 조금 채워 넣으면 아무도 모를 거야.

이 ☐☐☐ 녀석,
그렇게 친구를 속이면 안 되지!

① 정직한 　　　　　② 교활한 　　　　　③ 친절한

37회 맞춤법·받아쓰기

1단계

다음 뜻에 알맞은 낱말을 골라 빈칸에 옮겨 써 보세요.

[1] 어떤 것이 전하여 내려온 그 처음대로

① 원래대로 　② 계속해서

[2] 부채 같은 것을 흔들어서 바람을 일으키다.

① 부치다. 　② 고치다.

[3] 세상에 드문

① 정직한 　② 천하의

2단계

2단계 37회 받아쓰기2

QR코드를 찍으면
받아쓰기 음성이
나옵니다.

불러 주는 말을 잘 듣고 빈칸을 알맞게 채워 보세요.

[1] 죄를 ☐☐☐☐☐.

[2] 어떨지 ☐☐☐.

[3] 참으로 ☐☐하구나!

3단계

2단계 37회 받아쓰기

QR코드를 찍으면
받아쓰기 음성이
나옵니다.

불러 주는 말을 잘 듣고 띄어쓰기에 유의하여 받아 써 보세요.

[1] | 빨 | 간 | ∨ | | | ∨ | | | ∨ | | | | | | |

[2] | | ∨ | | 을 | ∨ | | | | | | | | | | |

[3] | | | | ∨ | | | ∨ | | | | | | | | |

8주 37회

해설편 019쪽

시간 끝난 시간 ☐시 ☐분

1회분 푸는 데 걸린 시간 ☐분

채점 독해 6문제 중 ☐개

맞춤법·받아쓰기 9문제 중 ☐개

38회

입이 딱 벌어지다*

깜짝 놀라면 자연스럽게 입부터 벌어지게 됩니다. 이처럼 '입이 딱 벌어지다'라는 말은 '매우 크게 놀라다'라는 의미입니다.

공부한 날 ☐ 월 ☐ 일   시작 시간 ☐ 시 ☐ 분

>>> QR코드를 찍으면
지문 읽기를 들을 수 있어요.

2단계 38회 본문

    어느 날, 동물들이 모여 누가 나이가 많은지를 겨루어 보기로 했습니다. 첫 번째로 사슴이 나와 말했습니다.

    "처음에 하늘과 땅이 나누어질 때, 내가 옆에서 그 일을 도왔지. 특히 밤하늘에 망치로 별을 박는 일은 정말 힘들었어."

    그러자 이번에는 토끼가 코웃음을 치며 말했습니다.

    "밤하늘에 별을 박을 때 사다리를 타지 않았니? 그 사다리에 쓰인 나무를 심은 게 바로 나거든. 그러니까 내 나이가 더 많겠지?"

    그런데 그때 어디선가 훌쩍훌쩍 우는 소리가 들려왔습니다. 두꺼비가 눈물을 흘리며 우는 소리였습니다. 동물들이 까닭을 묻자, 두꺼비가 **눈물을 훔치며**① 말했습니다.

    "옛날에 내게 세 아들이 있었네. 그 셋은 **각자**② 나무를 한 그루씩 기르고 있었지. 그런데 어느 날 하느님이 하늘을 만들어야 한다고 하셨어. 그래서 그때 첫째 아들의 나무로 별을 박을 때 쓰는 망치 **자루**③를 만들고, 둘째 아들의 나무로는 **은하수**④를 파낼 때 쓰는 삽자루를 만들었지. 그리고 막내아들의 나무로는 해와 달을 박을 때 쓰는 망치 자루를 만들었는데, 지금 그 이야기를 들으니 그때가 생각나 눈물이 난 것뿐일세."

    두꺼비의 이야기에 동물들은 그만 **입이 딱 벌어지고 말았습니다.*** 결국 동물들의 나이 자랑은 그렇게 두꺼비의 승리로 끝이 났습니다.

    – 우리나라 전래 동화

1 동물들의 이야기를 들었을 때, 동물들의 나이 순서는 어떻게 될까요? 나이가 많은 순서대로 숫자를 써 보세요.

[　　　]　　　　　　　　[　　　]　　　　　　　　[　　　]

2 두꺼비의 세 아들이 기른 나무는 각각 무엇을 만드는 데 쓰였는지 선으로 이어 보세요.

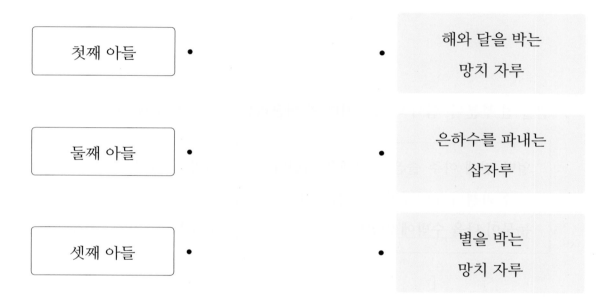

첫째 아들　•　　　　　•　해와 달을 박는
　　　　　　　　　　　　 망치 자루

둘째 아들　•　　　　　•　은하수를 파내는
　　　　　　　　　　　　 삽자루

셋째 아들　•　　　　　•　별을 박는
　　　　　　　　　　　　 망치 자루

3 '자루'는 손잡이를 뜻하기도 합니다. 다음 망치 그림에서 '자루'는 어느 부분인지 골라 보세요.

[　　　]

어려운 낱말 풀이

① 눈물을 훔치며 눈물을 닦으며　② 각자 각각의 자기 자신 各각각 각 自스스로 자
③ 자루 기구 따위의 끝에 달린 손잡이　④ 은하수 하늘에 별들이 모여 있는 곳을 강에 빗대 하는 말
銀은 은 河강 하 水물 수

8주·38회
해설편 019쪽

4 '입이 딱 벌어지다'의 뜻을 보고 어울리는 그림을 골라 보세요. ────────── [   ]

> ### 입이 딱 벌어지다
> 매우 놀라고 감탄스러워 입이 크게 벌어지다.

① 　　　② 　　　③

5 밑줄 친 부분이 '입이 딱 벌어지다'와 어울리는 것에 ○표를 해 보세요.

얼마 전에 아주 슬픈 동화책을 읽었다. 그 동화책의 주인공이 너무 불쌍해 **눈물이 나올 수밖에 없었다**.	얼마 전까지 줄넘기를 하나도 못하던 친구가 열심히 연습해서 줄넘기를 백 개 넘게 넘는 것을 보고 **놀랄 수밖에 없었다**.
[ ]	[ ]

6 다음 표현과 그림이 서로 어울리도록 선으로 이어 보세요.

눈물을 흘리다　●　　　　　●　

눈물을 훔치다　●　　　　　●　

1단계 다음 뜻에 알맞은 낱말을 골라 빈칸에 옮겨 써 보세요.

[1] 각각의 사람이 따로따로

① 바로　　　② 각자

[2] 기구 따위의 끝에 달린 손잡이

① 그루　　　② 자루

[3] 겨루어서 이김

① 승리　　　② 자랑

2단계 불러 주는 말을 잘 듣고 빈칸을 알맞게 채워 보세요.

2단계 38회 받아쓰기2
QR코드를 찍으면
받아쓰기 음성이
나옵니다.

[1] 그가 　　　　　 흘렸다.

[2] 　　　　 맑다.

[3] 못을 　　 때 조심해.

3단계 불러 주는 말을 잘 듣고 띄어쓰기에 유의하여 받아 써 보세요.

2단계 38회 받아쓰기
QR코드를 찍으면
받아쓰기 음성이
나옵니다.

[1] | 두 | 꺼 | 비 | 의 | V | | V | | | | | | |

[2] | | | | | V | | 는 | V | | | 비 |

[3] | | | | V | | | V | | | | |

시간　끝난 시간 　시 　분

1회분 푸는 데 걸린 시간 　분

채점　독해 6문제 중 　개

맞춤법·받아쓰기 9문제 중 　개

해설편 019쪽

천생연분(天 生 緣 分)*
하늘 천 날 생 맺을 연 구별할 분

누군가와 모든 것이 잘 맞고 마음도 잘 통한다면 운명적인 사람을 만났다고 생각할 것입니다. 그럴 때 쓰는 말이 바로 '천생연분(天生緣分)'입니다. 즉, '하늘이 정해 준 인연'이라는 뜻입니다.

>>> QR코드를 찍으면
지문 읽기를 들을 수 있어요.
2단계 39회 본문

공부한 날 ☐ 월 ☐ 일 시작 시간 ☐ 시 ☐ 분

연오랑과 세오녀는 서로를 무척 아끼는 부부였습니다.

어느 날 바다에서 해초를 캐던 연오랑은 바위 위에 앉게 되었습니다. 그러자 바위가 동쪽으로 움직여 먼 섬나라까지 가 버렸습니다. 섬나라 사람들은 바위를 타고 나타난 연오랑을 보고 말했습니다.

"하늘이 우리에게 왕을 보내 주셨구나!"

그렇게 연오랑은 동쪽 섬나라의 왕이 되었지만, 매일 밤 세오녀가 걱정이 되었습니다.

"지금쯤 세오녀가 나를 찾고 있을 텐데……."

연오랑의 생각대로 세오녀는 연오랑이 돌아오지 않자 매일 바닷가에서 연오랑을 기다렸습니다. 그러던 어느 날 세오녀는 한 바위 위에 연오랑의 신발이 있는 것을 발견했습니다. 그 바위에 오르자 바위는 또 다시 동쪽 섬나라로 움직였습니다. 섬나라 사람들이 세오녀를 보고 말했습니다.

"이번에는 하늘이 우리에게 왕의 아내를 보내 주셨다!"

섬나라 사람들을 따라 왕을 만나러 간 세오녀는 깜짝 놀랐습니다. 바로 섬나라의 왕이 연오랑이었기 때문입니다. 섬나라 사람들은 연오랑과 세오녀의 이야기를 듣고 손뼉을 치며 기뻐했습니다.

"이 먼 곳에서 다시 만나다니 두 분은 **천생연분***이십니다!"

"하늘이 정해 준 인연이 있다더니, 그게 바로 두 분을 두고 하는 말인가 봅니다!"

다시 만난 연오랑과 세오녀는 오랫동안 행복하게 살았고 나라를 잘 **다스렸습니다.**①

🧻 어려운 낱말 풀이 | ① **다스렸습니다** 보살펴 관리하였습니다

1 이 이야기에서 연오랑은 무엇 때문에 동쪽 섬나라로 가게 되었는지 골라 ○표를 해 보세요.

[   ]   [   ]   [   ]

2 다음은 이 이야기를 요약한 것입니다. 빈칸을 알맞게 채워 보세요.

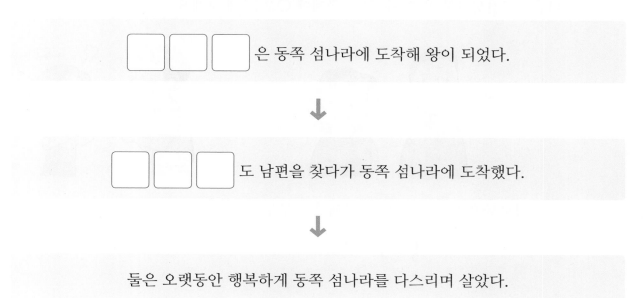

☐☐☐ 은 동쪽 섬나라에 도착해 왕이 되었다.

↓

☐☐☐ 도 남편을 찾다가 동쪽 섬나라에 도착했다.

↓

둘은 오랫동안 행복하게 동쪽 섬나라를 다스리며 살았다.

3 다음은 나침반 그림입니다. 빈칸에 알맞은 방향을 써 보세요.

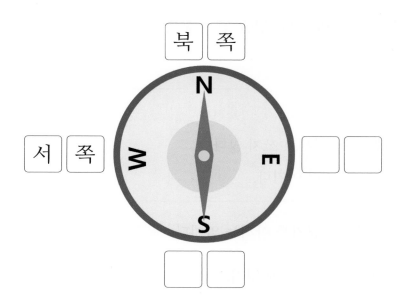

북 쪽

서 쪽

☐☐

☐☐

8주 39회 해설편 020쪽

4 '천생연분'이라는 사자성어는 어떤 뜻인지 골라 보세요. ──────────── [   ]

① 세상일은 알 수 없다.

② 모든 일은 원인에 따른 결과가 나온다.

③ 하늘이 정해 준 인연처럼 서로 잘 맞고 사랑하는 관계이다.

5 다음 중 '천생연분'을 쓸 수 있는 관계에 ○표를 해 보세요.

서로를 아끼며 수십 년을 함께한 노부부

[   ]

틈만 나면 다투는 남매

[   ]

6 다음은 '아끼다'의 뜻 두 가지입니다. 밑줄 친 부분의 뜻으로 알맞은 것에 각각 기호를 써 보세요.

> 아끼다
>
> ㉠ 물건이나 돈, 시간 등을 함부로 쓰지 않다.
>
> ㉡ 물건이나 사람 등을 소중히 여기다.

[1] 누군가를 사랑하는 것은 누군가를 **아끼는** 일이다. ──────── [   ]

[2] 돈이 없다면 돈을 **아껴** 쓰는 수밖에 없지. ──────── [   ]

1 단계

다음 뜻에 알맞은 낱말을 골라 빈칸에 옮겨 써 보세요.

[1] 사람이나 물건 따위를 어딘가로 보내기 위해 올리다.

① 앉다.　　② 싣다.

[2] 혼인하여 짝을 이룬 여자

① 부부　　② 아내

[3] 시간적으로 썩 긴 동안

① 천생연분　　② 오랫동안

2 단계

2단계 39회 받아쓰기2

QR코드를 찍으면
받아쓰기 음성이
나옵니다.

불러 주는 말을 잘 듣고 빈칸을 알맞게 채워 보세요.

[1] ☐☐ 을 치며 기뻐하다.

[2] ☐☐☐ 에서 기다렸다.

[3] 나라를 ☐☐☐☐.

3 단계

2단계 39회 받아쓰기

QR코드를 찍으면
받아쓰기 음성이
나옵니다.

불러 주는 말을 잘 듣고 띄어쓰기에 유의하여 받아 써 보세요.

[1]
동	쪽	∨		∨								

[2]
왕		∨			∨					!		

[3]
		∨				∨				.		

시간 ⏰ 끝난 시간 ☐시 ☐분
1회분 푸는 데 걸린 시간 ☐분

채점 독해 6문제 중 ☐개
맞춤법·받아쓰기 9문제 중 ☐개

40회 밑 빠진 독에 물 붓기[*]

밑은 '바닥'이라는 뜻으로, 바닥이 없는 항아리에는 아무리 물을 부어도 채워지지 않습니다. 이처럼 아무리 해도 소용없는 일을 하는 것을 두고 **'밑 빠진 독에 물 붓기'**라고 합니다. 즉, **'아무리 힘을 들여도 보람이 없는 일'**이라는 뜻입니다.

공부한 날 ☐ 월 ☐ 일 시작 시간 ☐ 시 ☐ 분

>>> QR코드를 찍으면 지문 읽기를 들을 수 있어요.

2단계 40회 본문

옛날에 **어리석은**^① 청년이 있었습니다. 그 청년은 일은 전혀 하지 않고, 부모님이 **물려주신**^② **재산**^③만 펑펑 쓰면서 온종일 놀기만 했습니다.

사람들은 청년에게 일도 하고, 물려받은 재산을 **알뜰히**^④ 쓰라고 **조언**^⑤했지만 청년은 듣지 않았습니다. 청년에게 조언하는 것은 마치 **밑 빠진 독에 물 붓는** 것과[*] 같았습니다. 아래가 깨진 독에 물을 부어 봐야 물이 차지 않는 것처럼, 청년에게 조언을 하는 것은 아무리 해도 의미 없는 일이었습니다.

시간이 흘러 늦은 가을이 되었습니다. 청년에게 남은 것이라곤 겨울옷 하나밖에 없었습니다. 그래도 청년은 아무 일도 하지 않고 게으르게 지냈습니다. 어느 날, 이상하게 날씨가 무척 따뜻했습니다. 이 때 청년은 아무것도 하지 않고 누워 하늘을 바라보다 제비 한 마리가 날아가는 것을 보았습니다.

"날씨도 따뜻하고, 제비도 날아다니네? 이제 겨울이 끝나고 봄이 오는가 봐."

사실 그 제비는 다른 제비들이 다들 따뜻한 곳을 찾아 남쪽으로 부지런히 날아갈 때, 아무것도 하지 않다가 때를 놓친 제비였습니다. 그것을 **알 리 없는**^⑥ 청년은 가지고 있던 겨울옷마저 팔아 버렸습니다.

이상하게 따뜻한 날들은 금방 지나가고, **매서운**^⑦ 겨울이 왔습니다. 청년은 겨울옷 하나 없이 겨울을 나며 **갖가지**^⑧ 고생을 했습니다. 그렇게 고생을 하며 청년은 사람들의 조언을 듣지 않은 것을 후회했습니다. 그 후 청년은 사람들의 조언을 **귀담아들으며**^⑨ 부지런하게 살았다고 합니다.

– 우리나라 전래 동화

1 사람들이 어리석은 청년에게 한 조언은 무엇이었을지 알맞은 말에 ○표를 해 보세요.

"이보게, 부모님이 물려주신 재산인데 좀 알뜰히 쓰게. 그리고 일도 구해서 하는 게 어떻겠는가?"

[   ]

"날씨가 이렇게 따뜻한데, 아직도 겨울옷을 입고 있나? 그걸 팔고 여름옷을 사는 게 어떤가?"

[   ]

2 이 이야기의 내용과 맞도록 알맞은 낱말을 골라 ○표를 해 보세요.

어리석은 청년은 날씨도 { 춥고 / 따뜻하고 }, { 제비 / 까치 } 도 날아다녀,

봄이 오는 줄 알았습니다. 그래서 { 여름옷 / 겨울옷 } 을 팔아버렸습니다.

3 다음 그림과 설명을 보고, 빈칸에 알맞은 말을 써 보세요.

[   ] :

• 김치나 간장 등을 담가 놓는 그릇입니다.
• 이것을 두려고 마당에 약간 높게 만들어 놓은 곳을 장독대라 합니다.

어려운 낱말 풀이 ① 어리석은 똑똑하지 못하고 둔한 ② 물려주신 재물이나 지위 등을 전하여 주신
③ 재산 가지고 있는 돈이나 돈이 될 만한 물건 財재물 재 産낳을 산
④ 알뜰히 살림을 할 때, 헤프지 않고 꼼꼼하게
⑤ 조언 도와주기 위해 하는 말 助도울 조 言말씀 언
⑥ 알 리 없는 알 방법이 없는 ⑦ 매서운 매우 심한
⑧ 갖가지 이런저런 여러 가지 ⑨ 귀담아들으며 집중해서 잘 들으며

4 다음 그림을 보고 '밑 빠진 독에 물 붓기'는 어떤 뜻일지 골라 보세요. ────── [   ]

> 밑부분이 깨진 독에 물을 아무리 넣어 봐야 물은 채워지지
> 않습니다. 이처럼 '밑 빠진 독에 물 붓기'는
>
> [   ] 이라는 뜻으로 쓰입니다.

① 이러지도 저러지도 못하는 일

② 이미 벌어져서 되돌릴 수 없는 일

③ 아무리 힘을 들여도 보람이 없는 일

5 다음 중 '밑 빠진 독에 물 붓기'라는 속담과 어울리는 것에 ○표를 해 보세요.

> 무더운 여름날, 창문을 활짝 열고 에어컨을 켜는 것   ────── [   ]

> 조금만 물을 줘도 쑥쑥 자라는 식물을 키우는 것   ────── [   ]

6 밑줄 친 낱말의 알맞은 뜻을 골라 번호를 써 보세요.

[1] 성원이는 용돈을 **알뜰히** 썼습니다. ─────────────────── [   ]

① 물건을 쓸 때 쉽게 닳아 없어지게

② 살림을 할 때 헤프지 않고 꼼꼼하게

[2] 충성스런 신하는 왕에게 진실된 **조언**을 합니다. ──────────── [   ]

① 도와주기 위해 하는 말

② 거짓을 그럴듯하게 꾸며내는 말

1단계

다음 뜻에 알맞은 낱말을 골라 빈칸에 옮겨 써 보세요.

[1] 도와주기 위해 하는 말

① 조언　　② 재산

[2] 헤프지 않고 꼼꼼하게

① 아무리　　② 알뜰히

[3] 좋은 기회나 알맞은 시기

① 때　　② 독

2단계

2단계 40회 받아쓰기2
QR코드를 찍으면
받아쓰기 음성이
나옵니다.

불러 주는 말을 잘 듣고 빈칸을 알맞게 채워 보세요.

[1] ☐☐ 없다.

[2] ☐☐☐ 들어야 한다.

[3] ☐☐☐ 고생

3단계

2단계 40회 받아쓰기
QR코드를 찍으면
받아쓰기 음성이
나옵니다.

불러 주는 말을 잘 듣고 띄어쓰기에 유의하여 받아 써 보세요.

[1]

| 밑 | ∨ | | | ∨ | | | ∨ | | ∨ | | | |

[2]

| | | 고 | ∨ | | | 른 | ∨ | |

[3]

| | | | ∨ | | | | ∨ | | | | . |

8주 40회 해설편 020쪽

시간 🕐 끝난 시간 ☐ 시 ☐ 분
1회분 푸는 데 걸린 시간 ☐ 분

채점 독해 6문제 중 ☐ 개
맞춤법·받아쓰기 9문제 중 ☐ 개

다음은 지난 한 주 동안 배웠던 표현들을 표현한 그림입니다. 알맞은 표현을 빈칸에 써 보세요.

답 _____

답 _____

답 _____

이 책에 쓰인 사진 출처

회차	제목	출처	쪽수
03회	여우	https://pixabay.com	11쪽
03회	고기	https://pixabay.com	11쪽
03회	숲	https://pixabay.com	11쪽
31회	오두막	https://pixabay.com	135쪽
33회	양파	https://pixabay.com	143쪽
33회	버섯	https://pixabay.com	143쪽
33회	당근	https://pixabay.com	143쪽
34회	한석봉	https://ko.wikipedia.org	146쪽

마더텅 학습 교재 이벤트에 참여해 주세요. 참여해 주신 모든 분께 선물을 드립니다.

이벤트 1 1분 간단 교재 사용 후기 이벤트

마더텅은 고객님의 소중한 의견을 반영하여 보다 좋은 책을 만들고자 합니다.
교재 구매 후, <교재 사용 후기 이벤트>에 참여해 주신 모든 분께는 감사의 마음을 담아
네이버페이 포인트 1천 원 을 보내 드립니다. 지금 바로 QR 코드를 스캔해 소중한 의견을 보내 주세요!

이벤트 2 마더텅 교재로 공부하는 인증샷 이벤트

인스타그램에 <마더텅 교재로 공부하는 인증샷>을 올려 주시면 참여해 주신 모든 분께 감사의 마음을 담아
네이버페이 포인트 2천 원 을 보내 드립니다. 지금 바로 QR 코드를 스캔해 작성한 게시물의 URL을 입력해 주세요!

필수 태그 #마더텅 #뿌리깊은초등국어 #공스타그램

이벤트 3 독해력 나무 기르기 이벤트

SNS 또는 커뮤니티에 완성한 <독해력 나무 기르기> 사진을 올려 주시면 참여해 주신 모든 분께 감사의 마음을 담아
네이버페이 포인트 1천 원 및 B 북포인트 2천 점 을 보내 드립니다.
지금 바로 QR 코드를 스캔해 작성한 게시물의 URL을 입력해 주세요!

SNS/커뮤니티 페이스북, 인스타그램, 블로그, 네이버/다음 카페 등
필수 태그 #마더텅 #뿌리깊은초등국어

B 북포인트란? 마더텅 인터넷 서점 http://book.toptutor.co.kr에서 교재 구매 시 현금처럼 사용할 수 있는 포인트입니다.
※자세한 사항은 해당 QR 코드를 스캔하거나 홈페이지 이벤트 공지글을 참고해 주세요. ※당사 사정에 따라 이벤트의 내용이나 상품이 변경될 수 있으며 변경 시 홈페이지에 공지합니다.
※만 14세 미만은 부모님께서 신청해 주셔야 합니다. ※상품은 이벤트 참여일로부터 2~3일(영업일 기준) 내에 발송됩니다.
※동일 교재로 세 가지 이벤트 모두 참여 가능합니다. (단, 같은 이벤트 중복 참여는 불가합니다.)
※이벤트 기간: 2025년 12월 31일까지 (*해당 이벤트는 당사 사정에 따라 조기 종료될 수 있습니다.)

뿌리깊은 국어 독해 시리즈

뿌리깊은 초등국어 독해력	뿌리깊은 초등국어 독해력 어휘편	뿌리깊은 초등국어 독해력 한자	뿌리깊은 초등국어 독해력 한국사
하루 15분으로 국어 독해력의 기틀을 다지는 초등국어 독해 기본 교재	국어 독해로 초등국어에서 반드시 익혀야 할 속담·관용어·한자성어를 공부하는 어휘력 교재	하루 10분으로 한자 급수 시험을 준비하고 초등국어 독해력에 필요한 어휘력의 기초를 세우는 교재	하루 15분의 국어 독해 공부로 초등 한국사의 기틀을 다지는 새로운 방식의 한국사 교재
• 각 단계 40회 구성 • 매회 어법·어휘편 수록 • 독해에 도움 되는 읽을거리 8회 • 배경지식 더하기·유형별 분석표 • 지문듣기 음성 서비스 제공 (시작~3단계)	• 각 단계 40회 구성 • 매회 어법·어휘편 수록 • 초등 어휘력에 도움 되는 주말부록 8회 • 지문듣기 음성 서비스 제공 (1~3단계)	• 각 단계 50회 구성 • 수록된 한자를 활용한 교과 단어 • 한자 획순 따라 쓰기 수록 • 한자 복습에 도움이 되는 다양한 주간활동	• 각 단계 40회 구성 • 매회 어법·어휘편 수록 • 한국사능력검정시험 대비 정리 노트 8회 • 지문듣기 음성 서비스 제공 • 한국사 연표와 암기 카드

시작단계 (예비 초등)

독해력 시작단계
• 한글 읽기를 할 수 있는 어린이를 위한 국어 독해 교재
• 예비 초등학생이 읽기에 알맞은 동요, 동시, 동화 및 짧은 지식 글 수록

1단계 (초등 1·2학년)

 **독해력 1단계**
• 처음 초등국어 독해 공부를 시작하는 학생을 위한 재밌고 다양한 지문 수록

 어휘편 1단계
• 어휘의 뜻과 쓰임을 쉽게 공부할 수 있는 이솝 우화와 전래 동화 수록
• 맞춤법 공부를 위한 받아쓰기 수록

 한자 1단계
• 한자능력검정시험 (한국어문회) 8급 한자 50개

 한국사 1단계 (선사 시대~삼국 시대)
• 한국사를 쉽고 재미있게 이해할 수 있는 다양한 유형의 지문 수록
• 당시 시대를 보여주는 문학 작품 수록

2단계

 독해력 2단계
• 교과 과정과 연계한 다양한 유형의 지문 수록
• 교과서 수록 작품 중심으로 선정한 지문 수록

 어휘편 2단계
• 어휘의 쓰임과 예문을 효과적으로 공부할 수 있는 다양한 이야기 수록
• 맞춤법 공부를 위한 받아쓰기 수록

 한자 2단계
• 한자능력검정시험 (한국어문회) 7급 2 한자 50개

 한국사 2단계 (남북국 시대)
• 한국사능력시험 문제 유형 수록
• 초등 교과 어휘를 공부할 수 있는 어법·어휘편 수록

3단계 (초등 3·4학년)

 독해력 3단계
• 초대장부터 안내문까지 다양한 유형의 지문 수록
• 교과서 중심으로 엄선한 시와 소설 수록

 어휘편 3단계
• 어휘의 뜻과 쓰임을 다양하게 알아볼 수 있는 여러 가지 종류의 글 수록
• 어휘와 역사를 한 번에 공부할 수 있는 지문 수록

 한자 3단계
• 한자능력검정시험 (한국어문회) 7급 한자 50개

 한국사 3단계 (고려 시대)
• 신문 기사, TV드라마 줄거리, 광고 등 한국사 내용을 바탕으로 한 다양한 유형의 지문 수록

4단계

 독해력 4단계
• 교과 과정과 연계한 다양한 유형의 지문 수록
• 독해에 도움 되는 한자어 수록

 어휘편 4단계
• 공부하고자 하는 어휘가 쓰인 실제 문학 작품 수록
• 이야기부터 설명문까지 다양한 종류의 글 수록

 한자 4단계
• 한자능력검정시험 (한국어문회) 6급 한자를 세 권 분량으로 나눈 첫 번째 단계 50개 한자 수록

 한국사 4단계 (조선 전기)(~임진왜란)
• 교과서 내용뿐 아니라 조선 전기의 한국사를 이해하는 데 알아 두면 좋은 다양한 역사 이야기 수록

5단계 (초등 5·6학년)

 독해력 5단계
• 깊이와 시사성을 갖춘 지문 추가 수록
• 초등학생이 읽을 만한 인문 고전 작품 수록

 어휘편 5단계
• 어휘의 다양한 쓰임새를 공부할 수 있는 다양한 소재의 글 수록
• 교과 과정과 연계된 내용 수록

 한자 5단계
• 한자능력검정시험 (한국어문회) 6급 한자를 세 권 분량으로 나눈 두 번째 단계 50개 한자 수록

 한국사 5단계 (조선 후기)(~강화도 조약)
• 한국사능력시험 문제 유형 수록
• 당시 시대를 보여주는 문학 작품 수록

6단계

 **독해력 6단계**
• 조금 더 심화된 내용의 지문 수록
• 수능에 출제된 작품 수록

 어휘편 6단계
• 공부하고자 하는 어휘가 실제로 쓰인 문학 작품 수록
• 소설에서 시조까지 다양한 장르의 글 수록

 한자 6단계
• 한자능력검정시험 (한국어문회) 6급 한자를 세 권 분량으로 나눈 세 번째 단계 50개 한자 수록

 **한국사 6단계 (대한 제국~대한민국)**
• 한국사를 쉽고 재미있게 이해할 수 있는 다양한 유형의 지문 수록
• 초등 교과 어휘를 공부할 수 있는 어법·어휘편 수록

중학 (예비 중학~예비 고1)

 1단계 (예비 중학~중1)

 2단계 (중2~중3)

 3단계 (중3~예비 고1)

뿌리깊은 중학국어 독해력
• 각 단계 30회 구성
• 독서 + 문학 + 어휘 학습을 한 권으로 완성
• 최신 경향을 반영한 수능 신유형 문제 수록
• 교과서 안팎의 다양한 글감 수록
• 수능 문학 갈래를 총망라한 다양한 작품 수록

※단계별로 권장 학년이 있지만 학생에 따라 느끼는 난이도는 다를 수 있습니다. 학생의 독해 실력에 맞는 단계를 공부하는 것이 좋습니다.
※<뿌리깊은 초등국어 한자>는 해당 학년을 참고하시기보다는 학생의 실력에 맞는 단계를 선택해 주세요. ※<뿌리깊은 초등국어 독해력 한국사>의 단계는 독해력 난이도가 아닌 시대 순서를 바탕으로 구성되었습니다.

1주차

뿌리깊은 초등국어 독해력 어휘편 2단계

01회

본문 002쪽

1주차

1 두 번째 그림에 ○표
2 첫째 개구리 - "이 고소한 냄새는 …."
  둘째 개구리 - "다들 조금만 더 …."
  셋째 개구리 - "버터다! …."
3 ③   4 ③   5 처지, 방법
6 첫 번째 칸에 ○표

맞춤법·받아쓰기편

[1단계]
[1] ② 풍기다   [2] ② 처지   [3] ① 막내

[2단계]
[1] 실컷   [2] 허우적   [3] 솟아날

[3단계]
[1] 고소한 냄새
[2] 우유가 버터가 되었어!
[3] 우유를 휘젓는 사이

02회

본문 006쪽

1주차

1 부모님
2 하얀 호리병 - 가시덤불, 빨간 호리병 - 불, 파란
  호리병 - 물
3 [1] 편찮으   [2] 계신
4 ②
5 세 번째 칸에 ○표
6 활활, 콸콸

맞춤법·받아쓰기편

[1단계]
[1] ② 평생   [2] ② 고향   [3] ① 끈질기다

[2단계]
[1] 지혜로운   [2] 빠트리다   [3] 무사히

[3단계]
[1] 편찮으신 부모님
[2] 젊은이의 호리병
[3] 끈질긴 여우 요괴

---

1. 개구리 삼 형제가 맡은 냄새는 항아리에 담긴 우유 냄새였습니다.

2. 첫째 개구리는 처음에 고소한 냄새를 맡고 형제들에게 말을 했고, 둘째는 힘을 내자는 이야기를, 막내는 우유가 버터가 되었음을 깨닫고 말을 했습니다.

3. 개구리 삼 형제가 어려운 처지에 처했으나 포기하지 않고 노력하여 위기를 극복한다는 내용이므로, ③번이 가장 어울립니다.

4. 개구리 삼 형제는 항아리가 미끄럽고 우유에선 뛰기 힘들어 항아리 속에 갇히고 말았습니다.

5. '하늘이 무너져도 솟아날 수 있다'는 '아무리 어려운 처지에 있더라도, 어떻게든 살아날 방법이 있다'라는 뜻입니다.

6. 우유가 버터가 된 덕에 개구리들은 살아날 수 있었습니다.

맞춤법·받아쓰기편 해설

[1단계] '냄새가 나다'는 '풍기다', '처하여 있는 사정이나 형편'은 '처지', '여러 형제 가운데 마지막으로 난 사람'은 '막내'입니다.

[2단계] [3]의 정답인 '솟아날'은 '소사날'와 같이 소리 나는 대로 쓰지 않고 '솟아날'로 씁니다.

[3단계] 불러 주는 말을 잘 듣고 본문에 나온 내용을 받아쓰는 문제입니다. 아이들이 맞춤법과 띄어쓰기를 잘 지키고 있는지 확인해 주세요.

1. 젊은이는 부모님이 편찮으시다는 소식을 듣고 걱정이 되어 길을 나섰습니다.

2. 하얀 호리병에서는 가시덤불이, 빨간 호리병에서는 불바다가, 파란 호리병에서는 물이 나왔습니다.

3. '아프다'의 높임말은 '편찮으시다', '있다'의 높임말은 '계시다'입니다.

4. '발목을 잡다'는 남을 붙잡아 방해할 때 쓰는 말입니다.

5. 여우 요괴가 호리병에서 나온 가시덤불과 물에 붙잡혔을 때 '발목을 잡다'라는 표현이 쓰였습니다.

6. 불에는 '활활'이 어울립니다. 그림의 물은 세차게 뿜어지고 있으므로 '콸콸'이 어울립니다.

맞춤법·받아쓰기편 해설

[1단계] '살아 있는 동안'은 '평생', '자기가 태어나서 자란 곳'은 '고향', '몹시 끈덕지고 질기다'는 '끈질기다'입니다.

[2단계] [1]의 정답인 '지혜로운'의 '혜'의 발음을 혼동하여 '해'나 '헤'로 잘못 쓰지 않도록 지도해 주세요. [3]의 정답인 '무사히'를 쓸 때 '히'를 '이'로 쓰지 않도록 지도해 주세요.

[3단계] 불러 주는 말을 잘 듣고 본문에 나온 내용을 받아쓰는 문제입니다. 아이들이 맞춤법과 띄어쓰기를 잘 지키고 있는지 확인해 주세요.

03회 본문 010쪽

1 O, X, X
2 이야기가 벌어지는 장소 - 숲
　사자와 곰이 싸우게 되는 까닭 - 고기
　결국에 고기를 가져간 동물 - 여우
3 첫 번째 칸에 ○표
4 ①
5 민희
6 ②

맞춤법·받아쓰기편

[1단계]
[1] ② 뒹굴다　　[2] ① 한탄　　[3] ① 냄새

[2단계]
[1] 집어　　　　[2] 뒤늦게　　　[3] 맡다

[3단계]
[1] 대동소이한 둘의 힘
[2] 쉽사리 끝나지 않는 싸움
[3] 평화로이 숲을 거닐다.

1. 곰은 고기 냄새를 맡아 고기를 찾았고, 곰과 사자는 고기를 두고 서로 다투었으며, 여우는 곰과 사자가 싸우는 사이 고기를 가져갔습니다.

2. 이야기의 배경이 되는 장소는 숲, 사자와 곰이 싸운 까닭은 고기, 결국 고기를 가져간 동물은 여우입니다.

3. 곰과 사자의 힘이 '대동소이'해서 싸움이 계속됐다고 했으므로, 곰과 사자의 힘이 별로 차이가 없어 싸움이 길어졌다고 보아야 합니다.

4. 대동소이는 '차이가 거의 없고 비슷하다'라는 뜻이므로, ①번이 가장 알맞습니다.

5. 소미와 다은이는 서로 차이가 큰 것을 두고 '대동소이'라 말하고 있지만, 민희는 차이가 거의 없는 것에 '대동소이'라고 쓰므로 민희가 맞습니다.

6. '차이', '상처', '구멍'에 공통적으로 쓸 수 있는 말은 '나다'입니다.

맞춤법·받아쓰기편 해설

[1단계] '누워서 이리저리 구르다'는 '뒹굴다', '자신의 처지를 불쌍히 여기면서 한숨을 쉼'은 '한탄', '코로 맡을 수 있는 온갖 기운'은 '냄새'입니다.

[2단계] [1]의 정답인 '집어'는 '지버'와 같이 소리 나는 대로 쓰지 않고 '집어'로 씁니다. [2]의 정답인 '뒤늦게'의 '게'는 된소리 '께'로 발음되지만, '게'라고 써야 합니다. [3]의 정답인 '맡다'의 발음을 혼동하여 '맏다'로 잘못 쓰지 않도록 지도해 주세요.

[3단계] 불러 주는 말을 잘 듣고 본문에 나온 내용을 받아쓰는 문제입니다. 아이들이 맞춤법과 띄어쓰기를 잘 지키고 있는지 확인해 주세요.

04회 본문 014쪽

1 ③
2 오리 발
3 덥석, 깜빡
4 ②
5 첫 번째 칸에 ○표
6 그림의 닭 머리 위쪽 붉게 튀어나온 부분에 ○표

맞춤법·받아쓰기편

[1단계]
[1] ① 볏　　　　[2] ② 매일　　　[3] ① 고백

[2단계]
[1] 잠이　　　　[2] 덥석　　　　[3] 그제야

[3단계]
[1] 붙잡힌 여우
[2] 닭장 속의 닭
[3] 살며시 들어오다.

1. 주인은 마당의 닭이 한 마리씩 사라지자 그 까닭을 알기 위해 닭장 속에 숨었습니다.

2. 여우는 처음에 오리 발을 내밀며 닭을 잡아먹은 범인이 아니라고 주장했습니다.

3. '물다'에 어울리는 부사는 '덥석', '잠이 들다'에 어울리는 부사는 '깜빡'입니다.

4. 주인이 여우를 혼낸 까닭은 여우가 잘못을 솔직히 인정하지 않았기 때문입니다.

5. '닭 잡아먹고 오리 발 내민다'는 '잘못을 저지르고 하지 않은 체한다'라는 뜻이므로, 경수가 알맞습니다.

6. 닭의 볏은 머리 위쪽에 난 붉은 색의 살점입니다.

맞춤법·받아쓰기편 해설

[1단계] '닭의 이마 위에 세로로 붙은 살 조각'은 '볏', '하루하루마다'는 '매일', '사실대로 말함'은 '고백'입니다.

[2단계] [2]의 정답인 '덥석'에서 '석'은 된소리 '썩'으로 발음되지만, '석'이라고 써야 합니다. [3]의 정답인 '그제야'는 '제'의 발음을 혼동하여 '재'로 잘못 쓰지 않도록 지도해 주세요.

[3단계] 불러 주는 말을 잘 듣고 본문에 나온 내용을 받아쓰는 문제입니다. 아이들이 맞춤법과 띄어쓰기를 잘 지키고 있는지 확인해 주세요.

1 새끼줄을 대충 만든 일꾼 - 약하고 굵은 새끼줄 - 아주 적은 엽전
  새끼줄을 최선을 다해 만든 일꾼 - 튼튼하고 가느다란 새끼줄 - 많은 엽전
2 보답, 튼튼
3 가늘다, 굵다
4 ②
5 첫 번째 칸에 ○표
6 ④

맞춤법·받아쓰기편

[1단계]
[1] ① 꾀   [2] ① 보답   [3] ② 괘씸하다

[2단계]
[1] 게으른   [2] 최선   [3] 엽전

[3단계]
[1] 게으른 일꾼
[2] 가늘고 단단한 새끼줄
[3] 대충 만든 굵은 새끼줄

---

1. 새끼줄을 대충 만든 일꾼은 약하고 굵은 새끼줄을 만들어 아주 적은 엽전밖에 가져가지 못했고, 새끼줄을 최선을 다해 만든 일꾼은 튼튼하고 가느다란 새끼줄을 만들어 많은 엽전을 가져갈 수 있었습니다.

2. 일꾼들에게 일을 시키던 사람은 일꾼들에게 보답하기 위해 가늘고 튼튼한 새끼줄을 꼬도록 했습니다.

3. 머리카락은 손가락보다 가늘고, 코끼리 다리는 강아지 다리보다 굵습니다.

4. '쪽박을 차다'는 가진 것 없는 거지가 됐다는 뜻입니다.

5. '쪽박을 차다'는 '거지가 되었다'라는 뜻이므로 사업에 실패한 김 씨의 경우가 이에 어울립니다.

6. 이야기는 마지막까지 최선을 다하고 성실해야 한다는 교훈을 담고 있습니다. 그러나 나경이는 마지막엔 대충 해도 괜찮다고 말하고 있습니다.

맞춤법·받아쓰기편 해설

[1단계] '일을 잘 꾸며 내는 묘한 생각'은 '꾀', '남의 호의나 은혜를 갚음'은 '보답', '사람이 지켜야 할 것을 안 지켜 못마땅하다'는 '괘씸하다'입니다.

[2단계] [1]의 정답인 '게으른' '게'의 발음을 혼동하여 '개'로 잘 못 쓰지 않도록 지도해 주세요. [3]의 정답인 '엽전'의 '전'은 된소리 '쩐'으로 발음되지만, '전'으로 쓰는 것이 올바릅니다.

[3단계] 불러 주는 말을 잘 듣고 본문에 나온 내용을 받아쓰는 문제입니다. 아이들이 맞춤법과 띄어쓰기를 잘 지키고 있는지 확인해 주세요.

---

1 첫 번째 그림에 ○표
2 7
3 두 번째 칸에 ○표
4 [1]에 ○표
5 ①
6 ③

맞춤법·받아쓰기편

[1단계]
[1] ① 마당   [2] ② 묶다   [3] ② 욕심

[2단계]
[1] 잃게   [2] 덕분   [3] 한꺼번

[3단계]
[1] 욕심 많은 농부
[2] 황금알을 낳는 거위
[3] 일확천금을 바라다.

---

1. 이야기에서 황금알을 낳는 동물은 거위입니다.

2. 일주일은 7일이고, 거위는 하루에 황금알을 하나씩 낳으므로 답은 7개입니다.

3. 농부는 거위의 배를 가르면 한꺼번에 많은 황금알을 얻을 수 있을 줄 알고 배를 갈랐습니다.

4. 한자를 풀이하면 '한꺼번에 천금(큰돈)을 움켜쥔다'라는 뜻이므로, [1]번의 뜻이 알맞습니다.

5. 일확천금의 뜻은 '한꺼번에 많은 돈을 번다'라는 뜻이므로 ①번의 쓰임이 어울립니다.

6. '닭이 알을 낳다', '소문이 소문을 낳다', '돼지가 새끼 열 마리를 낳다'처럼 빈칸에 공통적으로 들어갈 수 있는 낱말은 '낳다'뿐입니다.

맞춤법·받아쓰기편 해설

[1단계] '집의 앞뒤나 어떤 곳에 닦아 놓은 평평한 땅'은 '마당', '몸을 마음대로 움직이지 못하게 얽어매다'는 '묶다', '분수에 넘치게 무엇을 탐하는 마음'은 '욕심'입니다.

[2단계] [1]의 정답인 '잃게'는 '일케'라고 발음되지만, 겹받침에 주의하여 '잃게'라고 써야 합니다. [2]의 정답인 '덕분'의 '분'은 된소리 '뿐'으로 발음하지만, '분'으로 써야 합니다.

[3단계] 불러 주는 말을 잘 듣고 본문에 나온 내용을 받아쓰는 문제입니다. 아이들이 맞춤법과 띄어쓰기를 잘 지키고 있는지 확인해 주세요.

07회 | 본문 028쪽

1 사과, 닭, 소, 금괴 그림 순이 되도록 화살표
2 ③
3 두 번째 칸에 ○표
4 작은, 큰
5 지원
6 ③

맞춤법·받아쓰기편

[1단계]
[1] ② 혼나다   [2] ② 쓰다듬다 [3] ① 잘못

[2단계]
[1] 짓다   [2] 갇히다   [3] 받다

[3단계]
[1] 금은보화를 훔친 도둑
[2] 바늘 도둑이 소도둑 된다.
[3] 혼내는 일이 드물었습니다.

1. 이야기에 따르면 아들은 처음엔 사과, 그 다음엔 닭, 소, 금은보화 순으로 더 귀한 것들을 훔쳤습니다.

2. 이야기에서 아들이 큰 도둑이 된 이유는 사과를 훔쳐왔을 때 어머니가 혼내지 않아 도둑질을 계속했기 때문입니다.

3. 어머니는 감옥에 갇힌 아들을 보고 크게 후회했으므로 오른쪽이 알맞습니다.

4. '바늘 도둑이 소도둑 된다'는 '아무리 작은 나쁜 짓도 계속하다 보면 큰 죄를 짓게 된다'라는 뜻입니다.

5. 영민이는 크게 혼이 나 다시는 잘못을 하지 않겠다고 다짐하는 반면, 지원이는 잘못을 뉘우치지 않으므로 지원이가 빈칸에 어울립니다.

6. '드물게'는 '거의 일어나지 않고 가끔씩'이라는 뜻이므로 ③이 알맞습니다.

맞춤법·받아쓰기편 해설

[1단계] '호되게 꾸지람을 듣거나 벌을 받다'는 '혼나다', '귀엽거나 탐스러워 손으로 쓸어 주다'는 '쓰다듬다', '잘하지 못한 일'은 '잘못'입니다.

[2단계] [1]의 정답인 '짓다'와 [3]의 정답인 '받다'의 '다'는 된소리 '따'로 발음되지만, '다'로 써야 합니다.

[3단계] 불러 주는 말을 잘 듣고 본문에 나온 내용을 받아쓰는 문제입니다. 아이들이 맞춤법과 띄어쓰기를 잘 지키고 있는지 확인해 주세요.

08회 | 본문 032쪽

1 첫 번째 그림에 ○표
2 '부지런히'에 ○표
3 1, 2, 3
4 ③
5 ②
6 ②

맞춤법·받아쓰기편

[1단계]
[1] ② 게으르다 [2] ② 묻다   [3] ① 유언

[2단계]
[1] 밭갈이   [2] 맞는   [3] 수확

[3단계]
[1] 포도밭의 보물
[2] 아버지의 뜻을 깨닫다.
[3] 파김치가 되도록 파헤쳐도

1. 아버지가 숨겨놓은 포도밭의 보물은 열심히 일한 결과 그 어느 때보다 많이 열린 포도이므로, 첫 번째 그림이 알맞습니다.

2. 아버지는 삼형제가 부지런히 일하면 좋은 결과가 있다는 사실을 깨달았으면 하는 바람으로 보물을 숨겨두었다는 말을 남겼습니다.

3. 처음에 삼형제는 포도밭에 숨겨진 보물에 호기심을 느꼈고, 그 다음에는 아무리 포도밭을 파헤쳐도 보물이 나오지 않아 지쳐 했으며, 마지막에는 아버지가 숨겨놓은 보물을 깨달았습니다.

4. '파김치가 되다'의 뜻은 '몹시 지쳐서 축 처지다'입니다.

5. 몹시 지쳐 축 늘어진 그림이어야 하므로, ②입니다.

6. '녹초'는 '녹은 초'이므로 ②입니다.

맞춤법·받아쓰기편 해설

[1단계] '행동이 느리고 움직이기 싫어하는 버릇이 있다'는 '게으르다', '흙이나 다른 물건 속에 넣어 보이지 않게 쌓아 덮다'는 '묻다', '죽을 때 남기는 말'은 '유언'입니다.

[2단계] [1]의 정답인 '밭갈이'의 '갈이'는 '가리'로 발음하지만, '갈이'로 쓰는 것이 올바릅니다. [2]의 정답인 '맞는'의 발음을 혼동하여 '만는', '맏는' 등으로 잘못 쓰지 않도록 지도해 주세요. [3]의 정답인 '수확'에서 '확'의 발음을 혼동하여 '학'으로 잘못 쓰지 않도록 지도해 주세요.

[3단계] 불러 주는 말을 잘 듣고 본문에 나온 내용을 받아쓰는 문제입니다. 아이들이 맞춤법과 띄어쓰기를 잘 지키고 있는지 확인해 주세요.

09회 본문 036쪽

1 ②, ①, ③
2 ②
3 ③
4 배, 좁은 틈, 포도밭
5 포기
6 자포자기

맞춤법·받아쓰기편

[1단계]
[1] ① 주렁주렁 [2] ① 군데 [3] ② 홀쭉하다

[2단계]
[1] 끝에 [2] 좁은 [3] 통과

[3단계]
[1] 자포자기한 여우
[2] 주렁주렁 열린 포도
[3] 꼼짝없이 갇히다.

---

1. 여우는 좁은 틈을 발견해서 포도밭으로 들어갔지만, 포도를 너무 많이 먹어 좁은 틈으로 다시 나갈 수 없었고, 굶어서 다시 홀쭉해진 뒤에야 나갈 수 있었습니다.

2. 여우가 포도밭에 들어갈 수 있었던 것은 오래 굶어서 좁은 틈을 지나갈 수 있을 만큼 홀쭉했기 때문입니다.

3. 여우는 다시 배가 고파졌을 테니 ③이 적절합니다.

4. 여우는 배가 불러 좁은 틈을 빠져나가지 못해 포도밭에 갇히자 자포자기했습니다.

5. '자포자기'는 '스스로를 돌보지 않고 모든 것을 포기하다'라는 뜻입니다.

6. 포기하려는 친구를 격려하려는 말이므로 '자포자기'하지 말라는 내용이 어울립니다.

맞춤법·받아쓰기편 해설

[1단계] '열매 같은 것이 많이 매달려 있는 모양'은 '주렁주렁', '어느 곳 하나를 이르는 말'은 '군데', '속이 비어서 몸이 야위다'는 '홀쭉하다'입니다.

[2단계] [1]의 정답인 '끝에'는 '끄테'로 발음하지만, '끝에'라고 받침을 잘 살려서 적어야 합니다. [3]의 정답인 '통과'의 발음을 혼동하여 '통가'로 잘못 쓰지 않도록 지도해 주세요.

[3단계] 불러 주는 말을 잘 듣고 본문에 나온 내용을 받아쓰는 문제입니다. 아이들이 맞춤법과 띄어쓰기를 잘 지키고 있는지 확인해 주세요.

10회 본문 040쪽

1 ①
2 첫 번째 칸에 ○표
3 사자에 ○표
4 ②
5 첫 번째 칸에 ○표
6 무엇을 하는 동안 - 내가 깜빡 존 사이에 …
서로 맺은 관계 - 둘도 없는 친구 사이

맞춤법·받아쓰기편

[1단계]
[1] ① 겁 [2] ① 사이좋게 [3] ② 감탄

[2단계]
[1] 대단하다 [2] 얌전히 [3] 넣어 둘

[3단계]
[1] 둘도 없는 친구
[2] 얼어붙은 당나귀
[3] 믿는 도끼에 발등 찍힌다.

---

1. 끝까지 구덩이에 빠지지 않은 동물은 여우뿐입니다.

2. 여우는 처음에 사자를 속이기 위해 당나귀를 배신하겠다고 했었습니다.

3. 당나귀를 노리고 있었고, 여우에게 속은 동물은 '사자'입니다.

4. '믿는 도끼에 발등 찍힌다'는 믿고 있던 사람에게 배신을 당할 때 쓰는 말입니다.

5. 믿고 있던 동생이 자신의 믿음을 저버린 현수의 경우가 '믿는 도끼에 발등 찍힌다'에 어울립니다.

6. '둘도 없는 친구 사이'의 '사이'는 '서로 맺은 관계', '내가 깜빡 존 사이'의 '사이'는 '무엇을 하는 동안'이라는 뜻으로 쓰였습니다.

맞춤법·받아쓰기편 해설

[1단계] '무서워하거나 두려워하는 마음'은 '겁', '서로 정답고 친하게'는 '사이좋게', '마음속 깊이 놀라고 인정함'은 '감탄'입니다.

[2단계] [1]과 [2]의 정답인 '대단하다'와 '얌전히'는 '대다나다'와 '얌저니'로 잘못 발음하기 쉬운 낱말입니다. 올바른 발음을 밝혀 '대단하다', '얌전히'로 적을 수 있도록 지도해 주세요. [3]의 정답인 '넣어 둘'을 쓸 때에는 'ㅎ'이 발음되지 않더라도 'ㅎ' 받침을 빠뜨리지 않도록 주의하여 써야 합니다.

[3단계] 불러 주는 말을 잘 듣고 본문에 나온 내용을 받아쓰는 문제입니다. 아이들이 맞춤법과 띄어쓰기를 잘 지키고 있는지 확인해 주세요.

2주차 주말부록 정답 본문 044쪽

① 될 / 될

11회 | 본문 046쪽

1 첫 번째 그림에 ○표
2 ②
3 병문안, 발자국
4 그래! 기가 막힌 … - 뭐라 말할 수 없을 정도로 좋다.
  나온 발자국은 하나도 … - 못마땅하고 너무 …
5 찬웅에 ○표
6 병문안

맞춤법·받아쓰기편

[1단계]
[1] ② 기운   [2] ① 사냥   [3] ② 물려주다

[2단계]
[1] 늙은   [2] 걸음을   [3] 소식을

[3단계]
[1] 기가 막히다.
[2] 나오지 못할 동굴
[3] 병문안을 간 발자국

---

1. 여우가 본 것은 동굴 앞에 들어가는 발자국만 있고 나오는 발자국은 없는 광경이므로, 한쪽으로 가는 발자국만 있는 왼쪽 그림이 알맞습니다.

2. 사자는 늙어 사냥을 할 힘이 없자 병문안을 오면 동물의 왕을 물려주겠다는 소문을 냈습니다.

3. 사자는 사냥할 힘이 없자 병문안 오는 동물을 잡아먹으려고 했고, 여우는 동굴 앞에 나오는 발자국이 없는 것을 보고 사자의 속임수를 눈치챘습니다.

4. 사자의 '기가 막히다'는 '뭐라 말할 수 없이 좋다'라는 뜻이고, 여우의 '기가 막히다'는 '못마땅하고 뜻밖이라 어이가 없다'라는 뜻입니다.

5. [보기]의 '기가 막히다'는 '뭐라 말할 수 없이 좋다'라는 뜻이므로, 찬웅이 알맞습니다.

6. '아픈 사람을 찾아가 상태를 살피고 위로하는 일'이라는 뜻을 가진 낱말은 '병문안'입니다.

맞춤법·받아쓰기편 해설

[1단계] '살아 움직이는 힘'은 '기운', '힘센 짐승이 약한 짐승을 먹이로 잡는 일'은 '사냥', '재물이나 지위 따위를 전하여 주다'는 '물려주다'입니다.

[2단계] [1]의 정답인 '늙은'은 '늘근'으로 발음하지만, '늙은'으로 써야 합니다. [2] 정답인 '걸음을'은 '거르믈'로 발음하지만, '걸음을'로 쓰는 것이 올바릅니다.

[3단계] 불러 주는 말을 잘 듣고 본문에 나온 내용을 받아쓰는 문제입니다. 아이들이 맞춤법과 띄어쓰기를 잘 지키고 있는지 확인해 주세요.

12회 | 본문 050쪽

1 여관
2 두 번째 칸에 ○표
3 첫 번째 그림에 ○표
4 하나 일(一) - 한 번, 움직일 거(擧) - 움직여서,
  둘 양(兩) - 두 가지를, 얻을 득(得) - 얻다
5 첫 번째 칸에 ○표
6 마리, 아주

맞춤법·받아쓰기편

[1단계]
[1] ② 여관   [2] ② 싸움   [3] ① 말리다

[2단계]
[1] 들이지   [2] 때   [3] 외치는

[3단계]
[1] 힘이 센 변장자
[2] 호랑이가 나타났다!
[3] 가죽을 팔아 돈을 벌었다.

---

1. 변장자가 여관에 있을 때 호랑이가 나타났습니다.

2. 여관 주인은 호랑이 두 마리가 서로 싸우다 지칠 때를 기다려 나가라고 했습니다.

3. 호랑이 두 마리가 싸우다 지쳐 쓰러져 있었으므로, 왼쪽 그림이 알맞습니다.

4. 하나 일(一)은 '한 번', 움직일 거(擧)는 '움직여서', 둘 양(兩)은 '두 가지를', 얻을 득(得)은 '얻다'를 각각 뜻합니다.

5. '일거양득'은 한 번에 두 가지 이상의 이득을 얻어야 하므로, 정우의 경우가 알맞습니다.

6. 호랑이와 같은 동물을 세는 단위는 '마리'이며, 두 번째 문장에는 '보통 정도를 넘어선 정도로'라는 뜻의 '아주'가 어울립니다.

맞춤법·받아쓰기편 해설

[1단계] '여행 중인 사람이 잠시 묵어 지내는 곳'은 '여관', '싸우는 일'은 '싸움', '어떤 행동을 못하게 방해하다'는 '말리다'입니다.

[2단계] [1]의 정답인 '들이지'는 '드리지'로 발음하지만, '들이지'로 써야 합니다. [3]의 정답인 '외치는'의 발음을 혼동하여 '왜치는'으로 잘못 쓰지 않도록 지도해 주세요.

[3단계] 불러 주는 말을 잘 듣고 본문에 나온 내용을 받아쓰는 문제입니다. 아이들이 맞춤법과 띄어쓰기를 잘 지키고 있는지 확인해 주세요.

1 ①
2 물고기
3 ③
4 ①
5 첫 번째 칸에 ○표
6 나무라다 - 잘못을 꾸짖다, 무안하다 - 어색하고
  창피해서 부끄럽다, 헛기침 - 일부러 하는 기침

맞춤법·받아쓰기편

[1단계]
[1] ① 멋쩍게   [2] ② 화해   [3] ② 나무라다

[2단계]
[1] 덮은   [2] 긁혀   [3] 괜히

[3단계]
[1] 머쓱해진 가재
[2] 가재는 게 편
[3] 다시 평화로워졌습니다.

1. 가재는 게의 집게발을 보고 싸움에 끼어들었으므로 ①이 알맞습니다.

2. 이야기에서 집게발에 긁힌 동물은 물고기입니다.

3. '가재는 게 편'은 '공통점을 가지고 있거나 처지가 비슷한 사람끼리는 감싸주기 쉽다'라는 뜻입니다.

4. 가재와 개는 둘 다 집게발을 가지고 있으므로 ①이 답입니다.

5. 자신과 모습이 비슷한 거북이에게 투표한 자라의 예가 '가재는 게 편'에 어울립니다.

6. '나무라다'는 '잘못을 꾸짖다'라는 뜻이고, '헛기침'은 '일부러 하는 기침', '무안하다'는 '어색하고 창피해서 부끄럽다'라는 뜻을 가지고 있습니다.

맞춤법·받아쓰기편 해설

[1단계] '어색하고 쑥스럽게'는 '멋쩍게', '싸움하던 것을 멈추고 서로 가지고 있던 안 좋은 감정을 풀어 없앰'은 '화해', '상대방의 부족한 점이나 잘못을 꼬집어 말하다'는 '나무라다'입니다.

[2단계] [2]의 정답인 '긁혀'는 '글켜'로 발음하지만, '긁혀'로 써야 합니다. [3]의 정답인 '괜히'의 발음을 혼동하여 '괜히'와 같이 잘못 쓰지 않도록 지도해 주세요.

[3단계] 불러 주는 말을 잘 듣고 본문에 나온 내용을 받아쓰는 문제입니다. 아이들이 맞춤법과 띄어쓰기를 잘 지키고 있는지 확인해 주세요.

1 ③
2 사자, 생쥐
3 ③
4 ①
5 첫 번째 칸에 ○표
6 은혜

맞춤법·받아쓰기편

[1단계]
[1] ② 걸리다   [2] ② 밟다   [3] ② 은혜

[2단계]
[1] 벗고   [2] 깊은   [3] 그물

[3단계]
[1] 벌벌 떠는 생쥐
[2] 바닥까지 자란 넝쿨
[3] 코웃음을 치는 사자

1. 생쥐가 넝쿨인 줄 알고 밟은 것은 사자의 꼬리였습니다.

2. 몸집이 큰 사자는 몸집이 작은 생쥐의 겉모습만 보고 코웃음을 쳤습니다.

3. '그물에 걸렸다', '친구의 숙제를 몰래 따라하다가 걸렸다', '동하가 감기에 걸렸다'처럼 빈칸에 공통적으로 들어갈 수 있는 낱말은 '걸렸다'뿐입니다.

4. '발 벗고 나서다'는 '남의 일에 적극적으로 나서다'라는 뜻입니다.

5. 친구의 일을 늘 열심히 돕는 희윤이의 예가 '발 벗고 나서다'와 어울립니다.

6. '고맙게 베풀어 주는 신세나 혜택'은 '은혜'입니다.

맞춤법·받아쓰기편 해설

[1단계] '그물 따위에 막히거나 잡히다'는 '걸리다', '어떤 것 위에 발을 올려놓고 누르다'는 '밟다', '고맙게 베풀어 주는 신세나 혜택'은 '은혜'입니다.

[2단계] [1]의 정답인 '벗고'는 '벋꼬'로 발음하지만, '벗고'로 쓰는 것이 올바릅니다. [2]의 정답인 '깊은'의 발음을 혼동하여 '가픈'으로 잘못 쓰지 않도록 지도해 주세요.

[3단계] 불러 주는 말을 잘 듣고 본문에 나온 내용을 받아쓰는 문제입니다. 아이들이 맞춤법과 띄어쓰기를 잘 지키고 있는지 확인해 주세요.

15회 본문 062쪽

1 빵, 황금
2 ②
3 2, 3, 1
4 먹지 못하는 것은 … - 빵 하나로 이렇게 …
　 다른 건 몰라도 … - 먹지도 못하는 황금만 …
5 무용지물
6 ③

맞춤법·받아쓰기편

[1단계]
[1] ② 홍수　　　[2] ② 달랑　　　[3] ① 종일

[2단계]
[1] 논밭　　　[2] 몽땅　　　[3] 마다하는

[3단계]
[1] 거세게 쏟아지는 비
[2] 산꼭대기의 부자와 일꾼
[3] 황금과 맞바꾼 빵

1. 홍수가 났는데 황금만을 챙긴 부자가 일꾼에게 빵 하나를 얻기 위해 결국 모든 황금을 건네주는 이야기이므로, 빈칸에 들어갈 낱말은 '빵'과 '황금'입니다.

2. 일꾼이 제안을 거절한 이유는 홍수가 나 마을이 모두 잠긴 마당에 먹을 수 없는 황금은 아무 쓸모가 없기 때문입니다.

3. 부자는 일꾼에게 빵 한 개씩을 주며 부려먹고 있었는데 비가 그치지 않아 홍수가 났고, 그때 빵이 없었던 부자는 황금을 모두 주는 대신 빵 하나를 얻습니다. 그리고 일꾼은 나중에 황금을 팔아 부자가 됩니다.

4. 황금을 챙겨간 부자는 나중에 황금이 아무 쓸모가 없음을 알고 후회했고, 빵 하나로 부자가 된 일꾼은 무척 기뻤을 것입니다.

5. 날씨가 화창하면 우산은 아무 쓸모가 없습니다. '무용지물'이 알맞습니다.

6. '무용지물'의 뜻은 '아무 쓸모가 없는 것'입니다.

맞춤법·받아쓰기편 해설

[1단계] '비가 많이 와 강이나 댐 등이 넘치는 난리'는 '홍수', '적거나 하나만 있는 모양'은 '달랑', '아침부터 저녁까지의 동안'은 '종일'입니다.

[2단계] [1]의 정답인 '빗물'은 '빈물'로 발음하지만, '빗물'로 쓰는 것이 올바릅니다. [2]의 정답인 '몽땅'을 쓸 때에는 된소리를 그대로 씁니다.

[3단계] 불러 주는 말을 잘 듣고 본문에 나온 내용을 받아쓰는 문제입니다. 아이들이 맞춤법과 띄어쓰기를 잘 지키고 있는지 확인해 주세요.

16회 본문 068쪽

1 첫 번째 그림에 ○표
2 ②
3 응애응애 울었습니다.
4 ②
5 선영
6 정말 - 진짜, 마을 - 동네, 당장 - 지금 바로

맞춤법·받아쓰기편

[1단계]
[1] ① 좀처럼　　　[2] ① 당장　　　[3] ① 건방지다

[2단계]
[1] 계속해서　　　[2] 울음　　　[3] 입맛

[3단계]
[1] 안 그치면 귀신 나온다!
[2] 우는 아이를 달래는 엄마
[3] 호랑이도 제 말 하면 온다.

1. 이야기에서는 아이, 엄마, 호랑이가 모두 등장하지만 사자는 등장하지 않습니다.

2. 호랑이는 아이의 울음소리를 듣고 아이를 잡아먹으려 나타났습니다.

3. 아이는 귀신 나온다는 말과 호랑이가 잡아간다는 말에도 울음을 그치지 않았습니다.

4. '호랑이도 제 말 하면 온다'는 누군가에 대해 이야기하고 있는데 그 사람이 진짜 나타났을 때 쓰는 말입니다.

5. 선생님 이야기를 하고 있을 때 진짜 선생님이 나타났다는 선영의 이야기가 '호랑이도 제 말 하면 온다'에 알맞습니다.

6. '정말'은 '진짜', '마을'은 '동네', '당장'은 '지금 바로'와 바꿔 쓸 수 있습니다.

맞춤법·받아쓰기편 해설

[1단계] '이만저만하거나 어지간해서는'은 '좀처럼', '눈앞에 닥친 바로 이 시간'은 '당장', '잘난 체하거나 남을 낮추어 보듯 행동하다'는 '건방지다'입니다.

[2단계] [1]의 정답인 '계속해서'의 '계'의 발음을 혼동하여 '개', '게' 등으로 잘못 쓰지 않도록 지도해 주세요. [3]의 정답인 '입맛'은 '임맏'으로 발음하지만, '입맛'으로 쓰는 것이 올바릅니다.

[3단계] 불러 주는 말을 잘 듣고 본문에 나온 내용을 받아쓰는 문제입니다. 아이들이 맞춤법과 띄어쓰기를 잘 지키고 있는지 확인해 주세요.

17회 본문 072쪽

1 ②
2 [2]에 ○표
3 첫 번째 그림에 ○표
4 ②
5 첫 번째 그림에 ○표
6 ③

맞춤법·받아쓰기편

[1단계]
[1] ② 부수다　[2] ② 근처　[3] ① 혹시

[2단계]
[1] 소용없다　[2] 도대체　[3] 괴물

[3단계]
[1] 혼란스러운 호랑이
[2] 부리나케 도망치다.
[3] 호랑이보다 무서운 곶감

1. 호랑이는 귀신과 호랑이도 두려워하지 않던 아이가 울음을 그친 것을 듣고 멈칫했습니다.

2. 곶감을 준다는 말에 아이는 울음을 그쳤습니다.

3. 호랑이는 곶감을 자신이나 귀신보다 훨씬 무서운 괴물쯤으로 생각했으므로, 왼쪽 그림이 알맞습니다.

4. '귀가 번쩍 뜨이다'는 '말을 듣고 마음이 혹하고 끌리다'라는 뜻입니다.

5. 어떤 말을 듣고 마음이 갑자기 동하는 그림인 첫 번째가 '귀가 번쩍 뜨이다'에 어울립니다.

6. '비가', '울음을', '말로만'에 공통적으로 쓸 수 있는 말은 '그쳤다'입니다.

맞춤법·받아쓰기편 해설

[1단계] '물건을 두드리거나 깨뜨려 못 쓰게 만들다'는 '부수다', '가까운 곳'은 '근처', '짐작대로 어쩌면'은 '혹시'입니다.

[2단계] [1]의 정답인 '소용없다'의 발음을 혼동하여 '소용업다'와 같이 잘못 쓰지 않도록 지도해 주세요. [2]의 정답인 '도대체'는 'ㅐ'와 'ㅔ' 모음의 발음에 주의해서 써야 합니다. [3]의 정답인 '괴물'의 발음을 혼동하여 '괘물'과 같이 잘못 쓰지 않도록 지도해 주세요.

[3단계] 불러 주는 말을 잘 듣고 본문에 나온 내용을 받아쓰는 문제입니다. 아이들이 맞춤법과 띄어쓰기를 잘 지키고 있는지 확인해 주세요.

18회 본문 076쪽

1 자꾸, 피해가기를
2 우쭐, 진실
3 ②
4 천방지축
5 [1] X　　　[2] ○
6 골치

맞춤법·받아쓰기편

[1단계]
[1] ① 우쭐하다 [2] ② 특히　[3] ② 짖다

[2단계]
[1] 못해　　[2] 달아　　[3] 낫겠다

[3단계]
[1] 골치를 앓다.
[2] 방울을 뽐내는 개
[3] 천방지축으로 날뛰다.

1. 주인은 사고뭉치 개가 자꾸 사고를 치자 사람들이 알아서 피해가기를 바라며 방울을 달아주었습니다.

2. 사고뭉치 개는 처음에 주인이 자신을 특별히 아껴 방울을 달아주었다고 생각해 우쭐했지만, 친구 개가 하도 천방지축이라 방울을 달아준 것뿐이라는 진실을 알려주자 부끄러워했습니다.

3. 천방지축과 비슷한 낱말로는 '늘 말썽이나 사고를 일으키는 사람'이라는 뜻의 '사고뭉치'가 있습니다.

4. 친구 개는 방울을 자랑하는 사고뭉치 개에게 '천방지축'이라 방울을 달아준 것뿐이라고 말해주었습니다.

5. '사고뭉치'는 '천방지축'과 비슷한 뜻을 가진 낱말이기에 바꿔 쓸 수 있습니다.

6. '골치가 아프다'와 '골치를 앓다'는 '골치'를 쓰는 관용어입니다.

맞춤법·받아쓰기편 해설

[1단계] '의기양양하여 자랑하다'는 '우쭐하다', '보통과 다르게 더'는 '특히', '개 따위가 목청으로 소리를 내다'는 '짖다'입니다.

[2단계] [1]의 정답인 '못해'는 '모태'로 발음하지만, '못해'로 적는 것이 올바릅니다. [3]의 정답인 '낫겠다'의 '겠'은 된소리로 발음되지만, 예사소리 '겠'으로 써야 합니다.

[3단계] 불러 주는 말을 잘 듣고 본문에 나온 내용을 받아쓰는 문제입니다. 아이들이 맞춤법과 띄어쓰기를 잘 지키고 있는지 확인해 주세요.

19회 본문 080쪽

1 ③

2 다윗 - 이스라엘의 왕이 된다, 덩치는 작지만 용감하다.
골리앗 - 덩치가 크다, 돌멩이를 맞고 쓰러진다.

3 달걀 - 다윗, 바위 - 골리앗

4 첫 번째 칸에 ○표

5 ①

6 [1] 계란   [2] 몸집

맞춤법·받아쓰기편

[1단계]

[1] ① 존경   [2] ② 덩치   [3] ② 결투

[2단계]

[1] 소년이   [2] 작은   [3] 제대로

[3단계]

[1] 달걀로 바위 치기

[2] 이웃 나라의 골리앗

[3] 침착하게 던진 돌멩이

---

1. 이스라엘 군인들은 골리앗과 결투를 하게 될까 두려워 떨고 있었습니다.

2. 다윗은 덩치는 작지만 용감하고 나중에 이스라엘의 왕이 됩니다. 골리앗은 덩치가 크지만 다윗의 돌멩이를 맞고 쓰러집니다.

3. 이 이야기에서는 덩치가 한참 작은 다윗이 '달걀', 덩치가 큰 골리앗이 '바위'라는 뜻으로 쓰였습니다.

4. '달걀로 바위 치기'의 뜻으로는 '달걀로 바위를 부술 수 없듯 불가능하고 무리한 일'이라는 뜻이 알맞습니다.

5. '달걀로 바위 치기'는 '맞서더라도 도저히 이길 수 없음'이라는 뜻으로, 다윗이 덤벼봐야 자신(골리앗)에게는 상대가 되지 않는다는 뜻으로 한 말입니다.

6. '달걀'을 한자어로 바꿔 쓴 것이 '계란(鷄卵)'이고, '덩치'와 비슷한 뜻을 가진 낱말은 '몸집'입니다.

맞춤법·받아쓰기편 해설

[1단계] '우러르고 받듦'은 '존경', '몸의 부피'는 '덩치', '승패를 결정하기 위해 벌이는 싸움'은 '결투'입니다.

[2단계] [1]의 정답인 '소년이'는 '소녀니'로 발음하지만, '소년이'로 써야 올바릅니다. [3]의 정답인 '제대로'를 쓸 때에는 모음 'ㅔ'와 'ㅐ'의 발음에 주의하며 쓰도록 지도해 주세요.

[3단계] 불러 주는 말을 잘 듣고 본문에 나온 내용을 받아쓰는 문제입니다. 아이들이 맞춤법과 띄어쓰기를 잘 지키고 있는지 확인해 주세요.

20회 본문 084쪽

1 ○, X   2 ②   3 코

4 독사, 억지   5 ①   6 코, 납작

맞춤법·받아쓰기편

[1단계]

[1] ② 억지   [2] ① 위로   [3] ② 버럭

[2단계]

[1] 괴롭히기   [2] 명령   [3] 거짓말

[3단계]

[1] 코가 납작해지다.

[2] 마음씨 고약한 사또

[3] 앓아눕고 만 이방

---

1. 이방이 산딸기를 먹으려면 봄까지 기다려야 한다고 한 것은 실제로 겨울에는 산딸기가 없기 때문이며, 이로 인해 사또의 명령을 따르지 못하는 이방은 걱정이 되어 앓아눕게 되었습니다. 이방이 독사에 물렸다는 것은 이방의 아들이 지어낸 거짓말입니다.

2. 산딸기와 독사는 둘 다 겨울에는 볼 수 없는 것입니다.

3. '코가 납작해져', '코에서 계속 콧물이', '코가 높아서'처럼 빈칸에 들어갈 수 있는 말은 '코'입니다.

4. 한겨울에 산딸기를 구해오라던 사또는 겨울에 독사에 물렸다는 것을 터무니없는 거짓말이라고 하면서, 자기도 터무니없는 억지를 부렸다는 것을 인정한 셈이 되어 코가 납작해지고 말았습니다.

5. '코가 납작해지다'는 '부끄러움을 당하거나 기가 죽다'라는 뜻입니다.

6. 현수가 늘 잘난 척하던 재호에게 이겨 재호의 기를 죽이겠다는 뜻으로 한 말로, '코가 납작해지다'가 알맞습니다.

맞춤법·받아쓰기편 해설

[1단계] '잘 안될 일을 무리하게 기어이 해내려는 고집'은 '억지', '따뜻한 말이나 행동으로 괴로움을 덜어 주거나 슬픔을 달래 줌'은 '위로', '화가 나서 갑자기 기를 쓰거나 소리를 냅다 지르는 모양'은 '버럭'입니다.

[2단계] [1]의 정답인 '괴롭히기'를 쓸 때에는 모음 'ㅚ'의 발음에 주의하여 써야 합니다. [2]의 정답인 '명령했습니다'에서 '명령'은 '명녕'으로 발음되지만, '명령'으로 쓰는 것이 올바릅니다. [3]의 정답인 '거짓말'의 발음을 혼동하여 '거진말'로 잘못 쓰지 않도록 지도해 주세요.

[3단계] 불러 주는 말을 잘 듣고 본문에 나온 내용을 받아쓰는 문제입니다. 아이들이 맞춤법과 띄어쓰기를 잘 지키고 있는지 확인해 주세요.

4주차 주말부록 정답   본문 088쪽

호랑이도 제 말 하면 온다, 달걀로 바위 치기, 귀가 번쩍 뜨이다

21회   본문 090쪽

1 하얀, 검은, 검은
2 ②
3 첫 번째 칸에 ○표
4 두 번째 칸에 ○표
5 후들후들
6 ③

맞춤법·받아쓰기편

[1단계]
[1] ② 나르다   [2] ② 풀썩   [3] ① 애원

[2단계]
[1] 없지   [2] 코웃음   [3] 같아

[3단계]
[1] 후들후들 떨리는 다리
[2] 짐을 짊어진 말
[3] 검은 말과 하얀 말

1. 하얀 말이 검은 말에게 짐을 나눠 들어달라고 부탁을 했으나 검은 말은 코웃음을 치며 부탁을 거절했습니다. 결국 하얀 말이 쓰러지자, 검은 말이 하얀 말의 짐까지 모두 들게 되었습니다.

2. '자업자득'이란 자신이 저지른 잘못에 대한 대가로 벌을 받는다는 뜻입니다.

3. 하얀 말의 말을 거절하여 오히려 더 힘든 꼴을 당하게 되었으니 검은 말은 스스로 자업자득이라고 생각하였습니다.

4. 준비물을 살 돈으로 군것질을 했기 때문에 혼이 난 강훈이는 본인의 잘못으로 벌을 받았으니 '자업자득'이라고 할 수 있습니다.

5. '후들후들'은 팔다리나 몸이 자꾸 떨리는 모습을 말합니다.

6. '짊어지다'는 짐 따위를 등에 멘다는 뜻입니다.

맞춤법·받아쓰기편 해설

[1단계] '물건을 다른 곳으로 옮기다'는 '나르다', '힘없이 쓰러지는 모습'은 '풀썩', '애처롭게 사정하며 간절히 바람'은 '애원'입니다.

[2단계] [1]의 정답인 '없지'는 '업찌'로 발음하지만, '없지'로 쓰는 것이 올바릅니다. [2]의 정답인 '코웃음'의 발음을 혼동하여 '코우슴'으로 잘못 쓰지 않도록 지도해 주세요.

[3단계] 불러 주는 말을 잘 듣고 본문에 나온 내용을 받아쓰는 문제입니다. 아이들이 맞춤법과 띄어쓰기를 잘 지키고 있는지 확인해 주세요.

22회   본문 094쪽

1 도둑이 들지 않게 집 지키기 - 개
   아침이 오는 것을 알리기 - 닭
2 ②
3 첫 번째 칸에 ○표
4 실패로, 방법
5 ③
6 호랑이에 ×표

맞춤법·받아쓰기편

[1단계]
[1] ② 풀어놓다 [2] ② 관   [3] ② 지키다

[2단계]
[1] 귀한   [2] 발끈   [3] 울음소리

[3단계]
[1] 비단처럼 빛나는 깃털
[2] 볏을 확 물어뜯었습니다.
[3] 닭 쫓던 개 지붕 쳐다본다.

1. 이야기 속에서 개는 도둑이 들지 않게 집을 지켰고, 닭은 아침이 오는 것을 알리는 일을 했습니다.

2. 개가 닭의 볏을 물어뜯은 것은 닭이 개를 무식하다고 무시했기 때문입니다.

3. 닭이 지붕으로 올라가자 개는 닭을 잡는 것을 실패하여 어찌할 방법이 없게 되었다고 생각했을 것입니다.

4. '닭 쫓던 개 지붕 쳐다본다'는 애쓰던 일이 실패로 돌아가 더 이상 방법이 없을 때 쓰는 표현입니다.

5. 세비는 방학 내내 준비했던 대회가 취소되자 어찌할 방법이 없어 '닭 쫓던 개가 지붕 쳐다보는 모양새가 되어 버렸어.'라고 말했습니다.

6. '가축'은 집에서 기르는 짐승을 말하므로 호랑이는 가축이 아닙니다.

맞춤법·받아쓰기편 해설

[1단계] '가축을 우리에 가두지 않고 자유롭게 하다'는 '풀어놓다', '옛날에 왕족, 귀족, 벼슬아치들이 격식에 맞추어 쓰던 모자'는 '관', '보호하거나 감시하여 막다'는 '지키다'입니다.

[2단계] [1]의 정답인 '귀한'의 발음을 혼동하여 '기한'으로 잘못 쓰지 않도록 지도해 주세요. [2]의 정답인 '발끈'은 된소리 'ㄲ'의 발음에 주의하며 써야 합니다.

[3단계] 불러 주는 말을 잘 듣고 본문에 나온 내용을 받아쓰는 문제입니다. 아이들이 맞춤법과 띄어쓰기를 잘 지키고 있는지 확인해 주세요.

1 브레멘
2 (위에서부터) 닭, 고양이, 개, 당나귀
3 오두막
4 ②
5 첫 번째 칸에 ○표
6 허겁지겁 - 헐레벌떡, 잠시 - 잠깐, 함께 - 같이

맞춤법·받아쓰기편

[1단계]
[1] ① 비명　　　[2] ① 함께　　　[3] ① 오두막

[2단계]
[1] 할지　　　　[2] 허겁지겁　　[3] 창밖에

[3단계]
[1] 줄행랑을 치다.
[2] 맛있는 음식 냄새
[3] 음악을 좋아했던 동물들

1. 주인에게 버림을 받은 동물들은 브레멘으로 가서 음악대에 들어가기로 하였습니다.

2. 당나귀 위에 개, 개 위에 고양이, 고양이 위에 닭이 올라가 있었습니다.

3. '오두막'은 사람이 겨우 살 정도로 작은 집입니다.

4. '줄행랑을 치다'는 눈치를 보다가 급하게 도망가는 모습을 말합니다.

5. '줄행랑을 치다'는 눈치를 보다가 급하게 도망가는 모습을 말합니다. 무서운 개를 피해 급하게 도망가는 모습과 어울리는 표현입니다.

6. '허겁지겁'과 '헐레벌떡'은 매우 급한 모습을 나타내는 표현이고, '잠시'와 '잠깐'은 매우 짧은 동안을 나타내는 표현입니다. '함께'와 '같이'는 '서로 더불어'라는 뜻을 가지고 있는 표현입니다.

맞춤법·받아쓰기편 해설

[1단계] '몹시 두려움을 느낄 때 지르는 외마디 소리'는 '비명', '한꺼번에 같이'는 '함께', '작고 초라한 집'은 '오두막'입니다.

[2단계] [1]의 정답인 '할지'에서 '지'는 된소리 '찌'로 발음하지만, 예사소리 '지'로 쓰는 것이 올바릅니다. [3]의 정답인 '창밖에'의 발음을 혼동하여 '창바께'로 잘못 쓰지 않도록 지도해 주세요.

[3단계] 불러 주는 말을 잘 듣고 본문에 나온 내용을 받아쓰는 문제입니다. 아이들이 맞춤법과 띄어쓰기를 잘 지키고 있는지 확인해 주세요.

---

1 '오두막'에 ○표
2 당나귀 - 도둑의 콧잔등 차기
　개 - 도둑의 다리 물기
　고양이 - 도둑의 얼굴 할퀴기
　닭 - 소리 높여 울기
3 ②
4 우성에 ○표
5 1, 3, 2
6 ③

맞춤법·받아쓰기편

[1단계]
[1] ① 얼씬　　　[2] ① 동료　　[3] ① 연주

[2단계]
[1] 할퀴었습니다　[2] 밝은　　　[3] 높여

[3단계]
[1] 도둑을 쫓아낼 준비
[2] 간신히 도망친 도둑
[3] 당나귀에게 차인 콧잔등

1. 동물들은 도둑을 쫓아내고 오두막에서 머물게 되었습니다.

2. 도둑이 다시 돌아오자, 당나귀는 도둑의 콧잔등을 차고, 개는 도둑의 다리를 물고, 고양이는 도둑의 얼굴을 할퀴고, 닭은 소리 높여 울어서 도둑을 쫓아냈습니다.

3. '횡설수설'은 '알아듣기 어렵게 아무렇게나 하는 말'이라는 뜻입니다.

4. 우성이는 말을 알아들을 수 없게 아무렇게나 말을 하고 있습니다.

5. 브레멘 음악대의 이야기는 다음과 같습니다. 주인에게 버림받은 당나귀, 개, 고양이, 닭이 만나 함께 브레멘으로 가기로 했습니다. 도둑들이 오두막에서 저녁 식사를 하는 모습을 본 동물들은 꾀를 내어 도둑들을 쫓아냈습니다. 동물들은 다시 오두막에 찾아온 도둑을 쫓아내고 음악을 연주하며 행복하게 살았습니다.

6. '눈이 밝다', '귀가 밝다'라는 표현은 쓸 수 있지만 '손이 밝다'라는 표현은 없습니다.

맞춤법·받아쓰기편 해설

[1단계] '잠깐 나타났다가 사라지는 모양'은 '얼씬', '함께 일하는 사람'은 '동료', '악기를 다루어 곡을 표현하거나 들려주는 일'은 '연주'입니다.

[2단계] [1]의 정답인 '할퀴었습니다'의 발음을 혼동하여 '할키었습니다'로 잘못 쓰지 않도록 지도해 주세요. [2]의 정답인 '밝은'은 '발근'으로 발음하지만, '밝은'으로 쓰는 것이 올바릅니다.

[3단계] 불러 주는 말을 잘 듣고 본문에 나온 내용을 받아쓰는 문제입니다. 아이들이 맞춤법과 띄어쓰기를 잘 지키고 있는지 확인해 주세요.

25회 | 본문 106쪽

1 ③
2 머리카락, 머리카락
3 둥둥, 훌렁
4 ①
5 수연에 ○표
6 길

맞춤법·받아쓰기편

[1단계]
[1] ② 소문   [2] ② 훌렁   [3] ① 마침내

[2단계]
[1] 벗겨지고   [2] 훔치다   [3] 세게

[3단계]
[1] 도깨비 감투
[2] 몰래 마을을 돌아다녔다.
[3] 꼬리가 길면 밟힌다.

1. 이야기 속의 도깨비 감투를 쓰면 몸이 투명해져 다른 사람에게 보이지 않게 됩니다.

2. 도깨비 감투에 구멍이 나 머리카락이 삐져나온 줄 몰랐던 도둑은 결국 마을 사람들에게 붙잡혔습니다.

3. '물체가 떠서 움직이는 모양'인 '둥둥'은 첫 번째 문장에 어울리고, '완전히 뒤집히거나 벗어지는 모양'인 '훌렁'은 두 번째 문장과 어울립니다.

4. 꼬리가 짧은 생쥐는 도망치고, 꼬리가 긴 생쥐는 신발에 밟혀 붙잡히는 그림이므로 ①이 알맞습니다.

5. 쪽지시험 때마다 부정을 저지르다 결국 선생님께 들킨 친구에게 '꼬리가 길면 밟힌다'를 쓰는 것이 알맞습니다.

6. 빈칸에는 모두 '잇닿아 있는 물체의 두 끝이 멀다'라는 뜻의 '길다'가 들어가야 하므로, '길'이 알맞습니다.

맞춤법·받아쓰기편 해설

[1단계] '사람들 사이에 퍼져 가는 말'은 '소문', '완전히 벗겨지거나 뒤집히는 모양'은 '훌렁', '드디어 마지막에는'은 '마침내'입니다.

[2단계] [1]의 정답인 '벗겨지고'에서 '겨'는 된소리 '껴'로 발음하지만, 예사소리 '겨'로 써야 합니다. [3]의 정답인 '세게'를 쓸 때에는 모음 'ㅐ'와 'ㅔ'의 발음에 주의하며 쓸 수 있도록 지도해 주세요.

[3단계] 불러 주는 말을 잘 듣고 본문에 나온 내용을 받아쓰는 문제입니다. 아이들이 맞춤법과 띄어쓰기를 잘 지키고 있는지 확인해 주세요.

26회 | 본문 112쪽

1 ③
2 3, 2, 1
3 [1] 입구   [2] 중턱   [3] 정상
4 ①
5 어깨가 무거울 텐데
6 두 번째 칸에 ○표

맞춤법·받아쓰기편

[1단계]
[1] ① 어깨   [2] ② 꺼트리다 [3] ① 굴속

[2단계]
[1] 밤낮없이   [2] 행복하게   [3] 산신령

[3단계]
[1] 어깨가 무겁다.
[2] 여우를 쫓아가다.
[3] 불씨를 지킨 딸

1. 먼 옛날에는 불씨 없이 불을 피우기가 힘들었기 때문에 불씨를 지켜야 했습니다.

2. 딸이 불씨를 지키게 된 일이 첫 번째, 여우가 들어와 불씨를 꺼트린 게 두 번째, 여우의 굴을 파냈더니 금덩이가 있었던 것이 마지막입니다.

3. 산에 들어가는 부분인 [1]이 입구, 산 중간쯤인 [2]가 중턱, 꼭대기인 [3]이 정상입니다.

4. 책임과 부담을 짊어져 괴로워하는 첫 번째 그림이 '어깨가 무겁다'에 알맞습니다.

5. '큰 책임을 지게 되어 부담이 크다'가 '어깨가 무겁다'의 뜻이므로 서로 바꿔 쓸 수 있습니다.

6. '어깨가 무겁다'는 큰 책임으로 부담을 느낀다는 뜻으로, 중요한 역할을 맡게 된 오른쪽의 예에 알맞습니다.

맞춤법·받아쓰기편 해설

[1단계] '목 아래에서 팔 위 끝까지 이르는 부분'은 '어깨', '실수로 불을 꺼지게 하다'는 '꺼트리다', '굴 따위의 안쪽'은 '굴속'입니다.

[2단계] [1]의 정답인 '밤낮없이'의 발음을 혼동하여 '밤나덥씨'로 잘못 쓰지 않도록 지도해 주세요. [2]의 정답인 '행복하게'는 '행보카게'로 발음하지만, '행복하게'로 쓰는 것이 올바릅니다. [3] 정답인 '산신령'은 '산실령'으로 발음하지만, 글로 쓸 때는 '산신령'으로 써야 합니다.

[3단계] 불러 주는 말을 잘 듣고 본문에 나온 내용을 받아쓰는 문제입니다. 아이들이 맞춤법과 띄어쓰기를 잘 지키고 있는지 확인해 주세요.

27회 | 본문 116쪽

1 첫 번째 그림에 ○표
2 들쥐, 손톱
3 첫 번째 칸에 ○표
4 ③
5 첫 번째 칸(승규, 윤기)에 ○표
6 [1] 분위기   [2] 사연

맞춤법·받아쓰기편

[1단계]
[1] ① 관심   [2] ② 쫓겨나다 [3] ② 사연

[2단계]
[1] 후회했다   [2] 마침내   [3] 깎다

[3단계]
[1] 화기애애한 분위기
[2] 집안일을 도맡아 하다.
[3] 진짜 대감이라 우기다.

1. 집안일에 관심이 없던 진짜 대감은 장독의 개수를 물어보자 대답하지 못했습니다.

2. 가짜 대감은 대감의 손톱을 먹은 들쥐였습니다.

3. 크게 반성한 대감은 가족들에게 사과를 했으므로, 첫 번째가 알맞습니다.

4. '화기애애'의 뜻은 '여러 사람이 모인 자리에 따뜻하고 부드러운 기운이 흐른다'로, 즉 분위기가 좋다는 뜻입니다.

5. 승규와 윤기는 서로를 칭찬하며 좋은 분위기에서 대화를 나누는 반면, 다솜과 순규는 서로를 지적하며 다투고 있습니다. 그러므로 정답은 승규와 윤기입니다.

6. '어떤 자리에서 느낄 수 있는 느낌'은 '분위기'이며, '어떤 일이 일어난 까닭'은 '사연'입니다.

맞춤법·받아쓰기편 해설

[1단계] '어떤 것에 마음이 끌려 주의를 기울임'은 '관심', '어떤 장소에서 내쫓김을 당하다'는 '쫓겨나다', '어떤 일이 일어난 까닭'은 '사연'입니다.

[2단계] [1]의 정답인 '후회했다'의 발음을 혼동하여 '후화했다'와 같이 잘못 쓰지 않도록 지도해 주세요. [2]의 정답인 '마침내'를 쓸 때에는 모음 'ㅐ'와 'ㅔ'의 발음에 주의하여 써야 합니다. [3]의 정답인 '깎다'에서 '깎'은 자음 모두 'ㄲ'으로 써야 올바릅니다.

[3단계] 불러 주는 말을 잘 듣고 본문에 나온 내용을 받아쓰는 문제입니다. 아이들이 맞춤법과 띄어쓰기를 잘 지키고 있는지 확인해 주세요.

28회 | 본문 120쪽

1 ①
2 [1], [3]에 ○표
3 생각 없이, 아픔
4 무심코
5 ③
6 준호에 ○표

맞춤법·받아쓰기편

[1단계]
[1] ② 표정   [2] ② 하마터면 [3] ① 맞다

[2단계]
[1] 연못   [2] 내밀었다   [3] 열었다

[3단계]
[1] 물속에 사는 개구리
[2] 개구리들의 결심
[3] 돌을 던지지 말아 줘.
('말아줘.'로 붙여 써도 정답)

1. 소년들은 연못에 돌을 던지며 놀았습니다.

2. 소년들은 종종 연못에서 놀았고, 나이 든 개구리의 말을 듣고 소년들이 사과했습니다. 새끼 개구리는 다리를 다칠 뻔했지만, 실제로 다치지는 않았습니다.

3. '무심코 던진 돌에 개구리가 맞아 죽는다'는 '아무 생각 없이 한 행동이 누군가에게는 아픔이 될 수 있다'라는 뜻을 가지고 있습니다.

4. '아무 생각 없이'라는 뜻을 가진 낱말은 '무심코'입니다.

5. 소년들은 개구리들이 다칠 수도 있다는 사실을 깨닫고 연못에 돌을 던지는 것을 그만두었습니다.

6. 이야기의 교훈은 '아무 생각 없이 하는 일이 누군가를 다치게 할 수 있다'이므로, 평소에 아무 생각 없이 하던 일을 조심하게 된 준호의 예가 알맞습니다.

맞춤법·받아쓰기편 해설

[1단계] '속마음이 얼굴에 나타난 모양'은 '표정', '조금만 잘못하였더라면'은 '하마터면', '어떠한 힘에 의해 몸에 해를 입다'는 '맞다'입니다.

[2단계] [1]의 정답인 '연못'의 발음을 혼동하여 '연몯'으로 잘못 쓰지 않도록 지도해 주세요. [2]의 정답인 '내밀었다'는 '내미럳따'로 발음하지만, '내밀었다'로 쓰는 것이 올바릅니다.

[3단계] 불러 주는 말을 잘 듣고 본문에 나온 내용을 받아쓰는 문제입니다. 아이들이 맞춤법과 띄어쓰기를 잘 지키고 있는지 확인해 주세요.

29회 본문 124쪽

1 ③
2 ②
3 두 번째 칸에 ○표
4 미안하고 부끄러운 감정이 …
5 두 번째 칸에 ○표
6 금덩이, 욕심, 배

맞춤법·받아쓰기편

[1단계]
[1] ① 버리다　　[2] ① 발견　　[3] ① 탐내다

[2단계]
[1] 텐데　　　　[2] 주무르다　　[3] 아끼다

[3단계]
[1] 사이좋은 형제
[2] 나쁜 생각을 반성하다.
[3] 금덩이를 나누어 가지다.

1. 형제가 욕심냈던 것은 금덩이였습니다.

2. 동생은 처음에 형의 금덩이까지 욕심을 냈으나, 다리를 다치자마자 금덩이를 내려두고 달려오는 형을 보고 미안함을 느껴 사과했습니다.

3. 형제가 길을 걷다 주운 것은 금덩이고, 다리를 다친 것은 동생이지만, 배를 타고 어디로 가는지는 나와 있지 않습니다.

4. '가슴이 찔리다'는 '미안하고 부끄러운 감정이 마음을 날카롭게 찌르는 것처럼 강하게 느껴지다'라는 뜻입니다.

5. 마음이 불편하고 죄책감을 느낀다는 뜻에서 쓰인 '찔리다'이므로, 잘못을 저질러 마음이 불편했던 오른쪽의 예가 알맞습니다.

6. 형제는 금덩이 두 개를 줍고 서로의 것을 욕심냈지만, 결국 배에서 그 점에 대해 사과했습니다.

맞춤법·받아쓰기편 해설

[1단계] '쓰지 못할 것을 내던지거나 쏟아 놓다'는 '버리다', '물건이나 사실을 찾아냄'은 '발견', '가지거나 차지하고 싶은 욕심을 내다'는 '탐내다'입니다.

[2단계] [1]의 정답인 '텐데'는 모두 모음 'ㅔ'로 씁니다. [2]의 정답인 '주무르다'의 발음을 혼동하여 '주므르다'로 잘못 쓰지 않도록 지도해 주세요. [3]의 정답인 '아끼다'는 된소리 'ㄲ'의 발음에 주의하며 쓸 수 있도록 지도해 주세요.

[3단계] 불러 주는 말을 잘 듣고 본문에 나온 내용을 받아쓰는 문제입니다. 아이들이 맞춤법과 띄어쓰기를 잘 지키고 있는지 확인해 주세요.

30회 본문 128쪽

1 ①
2 폭우
3 첫 번째 그림에 ○표
4 ②
5 첫 번째 칸에 ○표
6 두 번째 칸에 ○표

맞춤법·받아쓰기편

[1단계]
[1] ② 은혜　　[2] ① 재우다　　[3] ① 견디다

[2단계]
[1] 뱀이　　　[2] 뾰족한　　　[3] 폭우가

[3단계]
[1] 좁은 굴
[2] 배은망덕하게 굴다.
[3] 드디어 비가 개었습니다.

1. 뱀은 고슴도치의 뾰족한 가시에 몸이 찔려 함께 지내기 불편해했습니다.

2. 고슴도치의 집이 폭우에 떠내려가 고슴도치는 뱀의 집에 잠시 묵게 되었습니다.

3. '화가 머리끝까지 나다'는 화가 참을 수 없을 만큼 크게 났다는 뜻이므로, 가장 크게 화를 내고 있는 첫 번째 그림이 알맞습니다.

4. '배은망덕'의 뜻은 '은혜를 잊고 원수로 갚음'입니다.

5. '남이 준 도움을 잊고 사는' 것이 '배은망덕'의 뜻과 어울립니다.

6. '폭우'와 '폭설'은 '비 우(雨)' 자와 '눈 설(雪)' 자의 차이이므로, '폭우'의 뜻에 '비' 대신 '눈'이 들어간 오른쪽의 뜻이 알맞습니다.

맞춤법·받아쓰기편 해설

[1단계] '고맙게 베풀어 주는 신세나 혜택'은 '은혜', '잠을 자게 하다'는 '재우다', '참고 버티다'는 '견디다'입니다.

[2단계] [2]의 정답인 '뾰족한'은 '뾰조칸'으로 발음하지만, 글로 쓸 때는 '뾰족한'으로 쓰는 것이 올바릅니다. [3]의 정답인 '폭우가'는 '포구가'로 발음하지만, 글로 쓸 때에는 '폭우가'로 쓰는 것이 올바릅니다.

[3단계] 불러 주는 말을 잘 듣고 본문에 나온 내용을 받아쓰는 문제입니다. 아이들이 맞춤법과 띄어쓰기를 잘 지키고 있는지 확인해 주세요.

6주차 주말부록 정답 본문 132쪽

① 좇다 / 좋다

31회 본문 134쪽

1 두 번째 그림에 ○표
2 키 작은 친구 - 배고픈 사람은 나니까 …
  키 큰 친구 - 그만 포기하자. 저렇게 …
3 첫 번째 칸에 ○표
4 급하고 필요한, 서둘러
5 다솔에 ○표
6 (위에서부터) 천장, 창문, 바닥

맞춤법·받아쓰기편

[1단계]
[1] ② 잃다   [2] ② 헐레벌떡 [3] ① 매달다

[2단계]
[1] 깊은   [2] 닿다   [3] 뒤지다

[3단계]
[1] 과일 바구니가 있어!
[2] 목마른 사람이 우물 판다.
[3] 사다리를 밟고 올라갔다.

32회 본문 138쪽

1 ①
2 멧돼지 - 밭 갈기, 참새 - 씨앗 심기,
  개미 - 땅속의 씨앗 꺼내기
3 두 번째 그림에 ○표
4 ②
5 첫 번째 칸에 ○표
6 ㉢, ㉠

맞춤법·받아쓰기편

[1단계]
[1] ① 옆집   [2] ① 걱정   [3] ① 갈다

[2단계]
[1] 밭을   [2] 씨앗을   [3] 넓구나

[3단계]
[1] 어두운 얼굴
[2] 나무도령아, 어떡하지?
[3] 얼굴이 창백해진 여자아이

1. 두 친구가 산속에서 들어간 곳은 오두막이었습니다.

2. 키 작은 친구는 배가 고파 계속 방법을 찾았지만, 키 큰 친구는 대번에 포기하고 말았습니다.

3. 키 작은 친구는 오두막 구석에 있던 사다리를 찾아 과일 바구니를 내렸습니다.

4. '목마른 사람이 우물 판다'는 '급하고 필요한 사람이 그 일을 서둘러 한다'라는 뜻입니다.

5. 축구가 하고 싶어 직접 축구공을 가져온 다솔이가 '목마른 사람이 우물 판다'에 어울립니다.

6. 그림에 보이는 방의 위쪽은 '천장', 중앙 부분에 빛이 들어오는 유리창은 '창문', 아래쪽은 '바닥'입니다.

맞춤법·받아쓰기편 해설

[1단계] '길을 찾지 못하다'는 '잃다', '숨을 가쁘고 거칠게 몰아쉬는 모양'은 '헐레벌떡', '줄이나 실로 묶어서 걸다'는 '매달다'입니다.

[2단계] [2]의 정답인 '닿다'는 '다타'로 발음하지만, 글로 쓸 때는 '닿다'로 쓰는 것이 올바릅니다. [3]의 정답인 '뒤지다'의 발음을 혼동하여 '디지다'로 잘못 쓰지 않도록 지도해 주세요.

[3단계] 불러 주는 말을 잘 듣고 본문에 나온 내용을 받아쓰는 문제입니다. 아이들이 맞춤법과 띄어쓰기를 잘 지키고 있는지 확인해 주세요.

1. 나무도령은 먹을 것을 동물들에게 나누어주었기 때문에 동물 친구들이 많았습니다.

2. 멧돼지는 밭을 갈아주었고, 참새는 씨앗을 심어주었으며, 개미는 땅에 심은 씨앗을 다시 꺼내주었습니다.

3. '밭을 갈다'는 '농작물을 키우기 위해 땅을 뒤집어 엎다'라는 뜻이므로 오른쪽 그림이 어울립니다. 첫 번째 그림은 '수확하다'에 어울립니다.

4. '발이 넓다'는 '아는 사람이 많다'라는 뜻입니다.

5. '발이 넓다'는 아는 사람, 특히 도움을 줄 만한 사람을 많이 안다는 뜻이므로 왼쪽의 예가 알맞습니다. 오른쪽의 예는 '다재다능'에 해당합니다.

6. '얼굴이 펴지다'는 찌푸린 얼굴이 밝아지는 것이므로 첫 번째에 해당하고, '얼굴을 찌푸리다'는 못마땅하여 미간을 좁히는 모습이므로 두 번째에 해당합니다.

맞춤법·받아쓰기편 해설

[1단계] '옆에 있는 집'은 '옆집', '안심이 되지 않아 속을 태움'은 '걱정', '농사를 짓기 위해 쟁기 따위로 땅을 파서 뒤집다'는 '갈다'입니다.

[2단계] [1]의 정답인 '밭을'은 '바틀'로 발음하지만, 글로 쓸 때는 '밭을'로 쓰는 것이 올바릅니다. [3]의 정답인 '넓구나'의 발음을 혼동하여 '널꾸나'로 잘못 쓰지 않도록 지도해 주세요.

[3단계] 불러 주는 말을 잘 듣고 본문에 나온 내용을 받아쓰는 문제입니다. 아이들이 맞춤법과 띄어쓰기를 잘 지키고 있는지 확인해 주세요.

1 ①
2 당근에 ○표
3 ㉢, ㉠, ㉣, ㉡
4 ①
5 O, X, O
6 ①

맞춤법·받아쓰기편

[1단계]
[1] ① 냄비　　　[2] ① 직접　　　[3] ② 완벽한

[2단계]
[1] 궁금하다　　[2] 뒤뜰　　　　[3] 제안

[3단계]
[1] 진귀한 음식
[2] 마지못해 고개를 끄덕이다.
[3] 인산인해를 이루었습니다.

1 3, 2, 1
2 ③
3 한석봉의 글씨 - 첫 번째 그림
　어머니가 썬 떡 - 네 번째 그림
4 자만, 겸손
5 첫 번째 그림에 ○표
6 두 번째 칸에 ○표

맞춤법·받아쓰기편

[1단계]
[1] ① 고개　　　[2] ② 밝히다　　[3] ① 자만

[2단계]
[1] 멋대로　　　[2] 고개를　　　[3] 이삭

[3단계]
[1] 글씨 쓰는 재주
[2] 겸손을 배운 한석봉
[3] 나라에서 제일가는 명필

---

1. 일부러 재료를 자꾸 넣어 수프의 양을 많이 만든 뒤 사람들을 초대하자고 하는 것으로 보아, 손녀는 할아버지에게 나눔의 즐거움을 알려주고 싶어 일부러 수프를 많이 끓인 것이라 짐작할 수 있습니다.

2. 양파, 버섯, 고기는 수프에 들어갔다는 언급이 있지만 당근은 없습니다.

3. 처음에 맛있는 것을 혼자 먹던 노인은 손녀가 찾아와 나눔의 기쁨을 알게 된 뒤, 마을 사람들과 좋은 음식들을 나누어 먹기 시작했습니다.

4. '인산인해'는 '사람이 셀 수 없이 많이 모이다'라는 뜻입니다.

5. 입학식과 유명 가수 공연은 모두 사람들이 많이 모이는 행사지만, 주방장이 바뀐 뒤 손님이 준 식당은 그렇지 않으므로 인산인해에 어울리지 않습니다. 손님이 준 식당에는 '파리만 날린다'가 어울립니다.

6. '파리만 날린다'는 찾아오는 사람이 거의 없다는 뜻으로 '인산인해'와 반대되는 말입니다.

맞춤법·받아쓰기편 해설

[1단계] '음식을 끓이는 데 쓰는 도구'는 '냄비', '중간에 어떤 것이 없이 바로'는 '직접', '흠이 없이 완전한'은 '완벽한'입니다.

[2단계] [1]의 정답인 '궁금하다'의 발음을 혼동하여 '굼금하다'로 잘못 쓰지 않도록 지도해 주세요. [2]의 정답인 '뒤뜰'에서 '뒤'는 받침을 쓰지 않습니다. [3]의 정답인 '제안'을 쓸 때는 모음 'ㅔ'와 'ㅐ'의 발음에 주의하며 쓰도록 지도해 주세요.

[3단계] 불러 주는 말을 잘 듣고 본문에 나온 내용을 받아쓰는 문제입니다. 아이들이 맞춤법과 띄어쓰기를 잘 지키고 있는지 확인해 주세요.

1. 한석봉은 절에서 3년 만에 돌아온 뒤, 어머니의 말에 부족함을 깨닫고 다시 절에 들어가 열심히 공부한 결과 나라에서 제일가는 명필이 되었습니다.

2. 한석봉은 더 공부할 것이 없다고 생각해 3년 만에 집으로 돌아왔습니다.

3. 불을 켰을 때 한석봉의 글씨는 삐뚤빼뚤했던 반면, 어머니가 썬 떡은 가지런했습니다.

4. '벼 이삭은 익을수록 고개를 숙인다'는 '성장할수록 자만하지 말고 겸손해야 한다'라는 뜻입니다.

5. 어머니가 이야기한 가을날의 풍경은 벼 이삭이 익어 고개를 숙인 모습이므로, 왼쪽 그림입니다.

6. 뛰어난 능력을 가지고 있지만 뽐내지 않고 늘 겸손한 정문이가 '벼 이삭은 익을수록 고개를 숙인다'에 알맞습니다.

맞춤법·받아쓰기편 해설

[1단계] '목을 포함한 머리 부분'은 '고개', '환하게 하여 사물을 또렷하게 비치게 하다'는 '밝히다', '자신을 스스로 자랑하며 뽐냄'은 '자만'입니다.

[2단계] [1]의 정답인 '멋대로'의 발음을 혼동하여 '멋때로'로 잘못 쓰지 않도록 지도해 주세요. [2]의 정답인 '고개를'을 쓸 때는 모음 'ㅔ'와 'ㅐ'의 발음에 주의하며 쓸 수 있도록 지도해 주세요.

[3단계] 불러 주는 말을 잘 듣고 본문에 나온 내용을 받아쓰는 문제입니다. 아이들이 맞춤법과 띄어쓰기를 잘 지키고 있는지 확인해 주세요.

1 첫 번째 그림, 두 번째 그림에 ○표
2 토끼, 노루
3 [1] 덕분('때문'도 맞음) [2] 때문
4 ③
5 [3]에 ○표
6 '태웠다'에 ○표

맞춤법·받아쓰기편

[1단계]
[1] ② 곧바로 [2] ② 덕분 [3] ② 잡아먹다

[2단계]
[1] 오늘은 [2] 들어 [3] 떨어진

[3단계]
[1] 토끼와 노루
[2] 손이 잘 맞는 친구
[3] 이번에도 또 실패야?

1. 이야기에서 사자는 토끼와 노루를 잡아먹으려고 했습니다. 얼룩말은 등장하지 않습니다.

2. 귀가 큰 토끼는 사자가 다가오는 소리를 들어 노루에게 알려주었고, 다리가 긴 노루는 토끼를 태우고 도망쳐 토끼와 노루 모두 안전할 수 있었습니다.

3. [1]은 맥락상 수연이의 도움을 받았다는 뜻이므로 '덕분'이, [2]는 민정이로 인해 피해를 보게 됐으므로 '때문'이 알맞습니다.

4. '손이 맞다'는 '함께 있을 때 생각이나 방법이 서로 잘 어울린다'라는 뜻입니다.

5. 지후와 영지가 각자 맡은 역할을 훌륭히 수행함으로써 멋진 결과물을 만든 [3]이 '손이 맞다'와 어울립니다.

6. 1번 문장은 '짐승의 등이나 탈것 따위에 몸을 얹게 하다'라는 뜻의 '태우다'이고, 2번 문장은 '뜨거운 열을 받아 검은색으로 변할 정도로 지나치게 익다'라는 뜻의 '태우다'가 들어갈 수 있으므로 답은 '태웠다'입니다.

맞춤법·받아쓰기편 해설

[1단계] '바로 그 즉시'는 '곧바로', '은혜나 도움'은 '덕분', '동물을 잡아 고기를 먹다'는 '잡아먹다'입니다.

[2단계] [1]의 정답인 '오늘은'은 '오느른'으로 발음하지만, '오늘은'으로 쓰는 것이 올바릅니다. [3]의 정답인 '떨어진'을 발음한 대로 '떠러진'으로 쓰지 않도록 지도해 주세요.

[3단계] 불러 주는 말을 잘 듣고 본문에 나온 내용을 받아쓰는 문제입니다. 아이들이 맞춤법과 띄어쓰기를 잘 지키고 있는지 확인해 주세요.

1 ③
2 두 번째 칸에 ○표
3 ③
4 ③
5 열, 한
6 각 친구들에게 과자 3개씩을 그려 주세요.

맞춤법·받아쓰기편

[1단계]
[1] ① 두루 [2] ① 머무르다 [3] ② 몫

[2단계]
[1] 그릇 [2] 숟가락 [3] 찾아

[3단계]
[1] 따뜻하게 맞이하다
[2] 손님을 굶길 수는 없지
[3] 스님들이 궁리했습니다

1. 손님이 찾아간 절에는 스님이 열 명 살고 있었습니다.

2. 누군가 밥을 먹지 않으면 손님이 불편할 거라 생각한 스님들은 각자 한 숟가락씩을 나눠주어 손님에게 식사를 대접했습니다.

3. 열 명의 스님이 각자 한 숟가락씩 밥을 나누어주었으므로, 손님은 열 숟가락의 밥을 먹을 수 있었을 것입니다.

4. 손님은 마음 편하게 밥을 먹었으므로 ③의 표정이 제일 어울립니다.

5. '십시일반'의 한자를 풀이하면 '열 숟가락을 모으면 밥 한 그릇이 된다'라는 뜻입니다.

6. 과자를 가진 친구들이 과자를 가지지 못한 친구에게 각자 하나씩 나누어주면 친구들은 각각 3개씩 과자를 나누어 가지게 됩니다.

맞춤법·받아쓰기편 해설

[1단계] '빠짐없이 골고루'는 '두루', '잠시 어떤 곳에 묵다'는 '머무르다', '여럿으로 나누어 가지는 부분'은 '몫'입니다.

[2단계] [2]의 정답인 '숟가락'은 '숟까락'으로 발음하지만, 모두 예사소리로 쓰는 것이 올바릅니다. [3]의 정답인 '찾아'를 발음한 대로 '차자'로 쓰지 않도록 지도해 주세요.

[3단계] 불러 주는 말을 잘 듣고 본문에 나온 내용을 받아쓰는 문제입니다. 아이들이 맞춤법과 띄어쓰기를 잘 지키고 있는지 확인해 주세요.

37회 본문 160쪽

1 빨간, 파란 (붉은, 푸른 등 색만 맞으면 정답 처리)
2 첫 번째 칸에 ○표
3 ③
4 나쁜, 도와주는
5 병 주고 - 빨간 부채
   약 주고 - 파란 부채
6 ②

맞춤법·받아쓰기편

[1단계]
[1] ① 원래대로   [2] ① 부치다   [3] ② 천하의

[2단계]
[1] 뉘우치거라   [2] 궁금해   [3] 교활

[3단계]
[1] 빨간 부채와 파란 부채
[2] 온 집을 돌아다니며
[3] 옆구리를 찌른 코

1. 이야기에서는 빨간 부채를 부치면 코가 길어지고, 파란 부채를 부치면 코가 원래대로 돌아옵니다.

2. 욕심쟁이 영감은 빨간 부채로 사람들의 코를 길게 하고, 파란 부채로 원래대로 돌려주며 돈을 벌 생각을 했습니다.

3. 욕심쟁이 영감이 사람들을 속여 돈을 벌자 옥황상제는 욕심쟁이 영감을 혼냈습니다.

4. '병 주고 약 준다'는 나쁜 짓을 해놓고 도와 주는 척을 한다는 뜻입니다.

5. 빨간 부채는 나쁜 짓을 하는 것에 해당하니 '병 주고', 파란 부채는 빨간 부채로 인한 문제를 해결해주니 '약 주고'와 어울립니다.

6. 주어진 상황은 남을 속이려 할 때 그 모습을 보고 혼을 내는 상황이므로, '간사하고 꾀가 많은'이라는 뜻의 '교활한'이 어울립니다.

맞춤법·받아쓰기편 해설

[1단계] '어떤 것이 전하여 내려온 그 처음대로'는 '원래대로', '부채 같은 것을 흔들어서 바람을 일으키다'는 '부치다', '세상에 드문'은 '천하의'입니다.

[2단계] [1]의 정답인 '뉘우치거라'의 발음을 혼동하여 '니우치거라'로 잘못 쓰지 않도록 지도해 주세요. [3]의 정답인 '교활'의 발음을 혼동하여 '교할'로 잘못 쓰지 않도록 지도해 주세요.

[3단계] 불러 주는 말을 잘 듣고 본문에 나온 내용을 받아쓰는 문제입니다. 아이들이 맞춤법과 띄어쓰기를 잘 지키고 있는지 확인해 주세요.

38회 본문 164쪽

1 3, 2, 1
2 첫째 아들 - 별을 박는 망치 자루, 둘째 아들 - 은하수를 파내는 삽자루, 셋째 아들 - 해와 달을 박는 망치 자루
3 ②
4 ③
5 두 번째 칸에 ○표
6 눈물을 흘리다 - 두 번째 그림
   눈물을 훔치다 - 첫 번째 그림

맞춤법·받아쓰기편

[1단계]
[1] ② 각자   [2] ② 자루   [3] ① 승리

[2단계]
[1] 눈물을   [2] 하늘이   [3] 박을

[3단계]
[1] 두꺼비의 세 아들
[2] 훌쩍훌쩍 우는 두꺼비
[3] 까닭을 묻는 동물들

1. 나중에 나온 동물일수록 더 나이가 많다고 주장했으므로, 두꺼비, 토끼, 사슴 순으로 나이가 많습니다.

2. 두꺼비는 첫째의 나무로는 별을 박는 망치 자루, 둘째의 나무로는 은하수를 파내는 삽자루, 셋째의 나무로는 해와 달을 박는 망치 자루를 만들었다고 말했습니다.

3. '자루'는 손잡이 부분이므로 ②가 알맞습니다.

4. 크게 놀라 입이 벌어진 ③이 '입이 딱 벌어지다'와 어울립니다.

5. '입이 딱 벌어지다'는 크게 놀랄 때 쓰는 말이기 때문에 오른쪽의 예가 더 알맞습니다.

6. '눈물을 흘리다'는 운다는 말이므로 두 번째 그림이, '눈물을 훔치다'는 눈물을 닦는다는 말이므로 첫 번째 그림이 어울립니다.

맞춤법·받아쓰기편 해설

[1단계] '각각의 사람이 따로따로'는 '각자', '기구 따위의 끝에 달린 손잡이'는 '자루', '겨루어서 이김'은 '승리'입니다.

[2단계] [1]의 정답인 '눈물을'은 '눙무를'로 발음하지만, 글로 쓸 때는 '눈물을'로 쓰는 것이 올바릅니다. [2]의 정답인 '하늘이'를 발음한 대로 '하느리'로 쓰지 않도록 지도해 주세요.

[3단계] 불러 주는 말을 잘 듣고 본문에 나온 내용을 받아쓰는 문제입니다. 아이들이 맞춤법과 띄어쓰기를 잘 지키고 있는지 확인해 주세요.

39회 본문 168쪽

1 첫 번째 그림에 ○표
2 연오랑, 세오녀
3 (위에서부터) 동쪽, 남쪽
4 ③
5 첫 번째 그림에 ○표
6 [1] ㉤ [2] ㉠

맞춤법·받아쓰기편

[1단계]
[1] ② 싣다 [2] ② 아내 [3] ② 오랫동안

[2단계]
[1] 손뼉 [2] 바닷가 [3] 다스리다

[3단계]
[1] 동쪽 먼 나라
[2] 왕을 보내 주셨구나!
[3] 매일 연오랑을 걱정하다.

1. 연오랑은 올라가 있던 바위가 멋대로 움직여 동쪽 섬나라로 가게 되었습니다.

2. 연오랑은 동쪽 섬나라에 도착해 왕이 되었고, 세오녀도 남편을 찾아 동쪽 섬나라로 가게 되었습니다.

3. 나침반의 N극이 위쪽을 가리키고 있으므로 오른쪽은 동쪽, 아래쪽은 남쪽이 됩니다. 나침반을 볼 줄 모르더라도 북쪽의 반대쪽은 남쪽, 서쪽의 반대쪽은 동쪽이므로 문제를 풀 수 있습니다.

4. '천생연분'은 '하늘이 정해준 인연처럼 서로 잘 맞고 사랑하는 관계'라는 뜻입니다.

5. '서로를 아끼며 수십 년을 함께한 노부부'가 '천생연분'에 더 어울립니다. '틈만 나면 다투는 남매'는 '견원지간'에 더 가깝습니다.

6. [2]의 '돈을 아끼다'는 '돈을 함부로 쓰지 않다'라는 뜻으로 쓰였고, [1]의 '누군가를 아끼다'는 '누군가를 소중히 여기다'라는 뜻으로 쓰였습니다.

맞춤법·받아쓰기편 해설

[1단계] '사람이나 물건 따위를 어딘가로 보내기 위해 올리다'는 '싣다', '혼인하여 짝을 이룬 여자'는 '아내', '시간적으로 썩 긴 동안'은 '오랫동안'입니다.

[2단계] [1]의 정답인 '손뼉'의 발음을 혼동하여 '송뼉'으로 잘못 쓰지 않도록 지도해 주세요. [2]의 정답인 '바닷가'는 '바닫까'로 발음하지만, 글로 쓸 때는 '바닷가'로 쓰는 것이 올바릅니다.

[3단계] 불러 주는 말을 잘 듣고 본문에 나온 내용을 잘 받아쓰는 문제입니다. 아이들이 맞춤법과 띄어쓰기를 잘 지키고 있는지 확인해 주세요.

40회 본문 172쪽

1 첫 번째 칸에 ○표 2 따뜻하고, 제비, 겨울옷
3 독 4 ③
5 첫 번째 칸에 ○표 6 [1] ② [2] ①

맞춤법·받아쓰기편

[1단계]
[1] ① 조언 [2] ② 알뜰히 [3] ① 때

[2단계]
[1] 전혀 [2] 귀담아 [3] 갖가지

[3단계]
[1] 밑 빠진 독에 물 붓기
[2] 어리석고 게으른 청년
[3] 매서운 겨울이 찾아오다.

1. 사람들은 어리석은 청년에게 재산을 알뜰히 쓰고, 일도 해보는 것이 어떻겠냐고 조언했으므로 첫 번째 조언이 알맞습니다.

2. 어리석은 청년은 날씨도 따뜻하고, 제비도 날아다니니 봄이 오는 줄 알고 겨울옷을 팔아버렸습니다. 하지만 그날은 겨울 중 유달리 따뜻한 날이었고, 제비는 게을러 떠날 때를 놓친 제비였을 뿐이었습니다.

3. 그림과 설명에 알맞은 낱말은 '독'입니다.

4. '밑 빠진 독에 물 붓기'는 '아무리 힘을 들여도 보람이 없는 일'을 두고 하는 말입니다.

5. 무더운 여름날 창문을 열고 에어컨을 틀어봐야 시원한 바람이 창문으로 다 빠져나가 방은 시원해지지 않으므로, 첫 번째 예가 '밑 빠진 독에 물 붓기'와 어울립니다.

6. '알뜰히'는 '살림을 할 때, 헤프지 않고 꼼꼼하게', '조언'은 '도와주기 위해 하는 말'이라는 뜻을 가지고 있습니다.

맞춤법·받아쓰기편 해설

[1단계] '도와주기 위해 하는 말'은 '조언', '헤프지 않고 꼼꼼하게'는 '알뜰히', '좋은 기회나 알맞은 시기'는 '때'입니다.

[2단계] [1]의 정답인 '전혀'의 발음을 혼동하여 '저녀'로 잘못 쓰지 않도록 지도해 주세요. [2]의 정답인 '귀담아'는 '귀다마'로 발음하지만, 글로 쓸 때는 '귀담아'로 쓰는 것이 올바릅니다. [3]의 정답인 '갖가지'에서 '갖'의 발음을 혼동하여 '갓', '갇' 등으로 잘못 쓰지 않도록 지도해 주세요.

[3단계] 불러 주는 말을 잘 듣고 본문에 나온 내용을 잘 받아쓰는 문제입니다. 아이들이 맞춤법과 띄어쓰기를 잘 지키고 있는지 확인해 주세요.

8주차 주말부록 정답 본문 176쪽

십시일반, 입이 딱 벌어지다, 밑 빠진 독에 물 붓기

스스로 붙임딱지 활용법

공부를 마치면 아래 보기를 참고해 알맞는 붙임딱지를 '학습결과 점검표'에 붙이세요. ※붙임딱지는 마지막 장에 있습니다.

다 풀고 나서 스스로 대단하다는 생각이 들었을 때	열심히 풀었지만 어려운 문제가 있었을 때	오늘 읽은 글이 재미있었을 때	스스로 공부를 시작하고 끝까지 마쳤을 때
• 정답 수 : 3개 이상 • 걸린 시간 : 10분 이하	• 정답 수 : 2개 이하 • 걸린 시간 : 20분 이상	• 내용이 어려웠지만 점수와 상관없이 학생이 재미있게 학습했다면	• 학생이 스스로 먼저 오늘 할 공부를 시작하고 끝까지 했다면

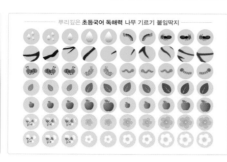

독해력 나무 기르기 붙임딱지 활용법

공부를 마치면 아래 설명을 참고해 알맞는 붙임딱지를 '독해력 나무 기르기'에 붙이세요. 나무를 완성해 가면서 끝까지 공부를 했다는 성취감을 느껴 보세요.
※독해력 나무 기르기는 뒤쪽에 있습니다.

❶ 그날 학습을 마쳤을 때, 학습을 한 회차 칸에 어울리는 붙임딱지를 자유롭게 붙이세요.
❷ 첫째~셋째 줄까지는 뿌리 부분(1~20일차)에 붙이는 붙임딱지입니다. 뿌리 모양 붙임딱지는 뿌리 끝의 모양에 맞춰서 붙여 보세요.
❸ 넷째~일곱째 줄까지는 나무 부분(21~40일차)에 붙이는 붙임딱지입니다.

2025 The 5th Mothertongue Scholarship for TOP Elementary School Students

2025 마더텅 제5기 초등학교 성적 우수 장학생 모집

2025년 저희 교재로 열심히 공부해 주신 분들께 장학금을 드립니다!

대상 30만 원 / 금상 10만 원 / 은상 3만 원

지원 자격 및 장학금 초1 ~ 초6

지원 과목 국어/영어/한자 중 1과목 이상 지원 가능 ※여러 과목 지원 시 가산점이 부여됩니다.

성적 기준
아래 2가지 항목 중 1개 이상의 조건에 해당하면 지원 가능
① 2024년 2학기 혹은 2025년 1학기 초등학교 생활통지표 등 학교에서 배부한 학업성취도를 확인할 수 있는 서류
② 2024년 7월~2025년 6월 시행 초등학생 대상 국어/영어/한자 해당 인증시험 성적표
책과함께 KBS한국어능력시험, J-ToKL, 전국영어학력경시대회, G-TELP Jr., TOEFL Jr., TOEIC Bridge, TOSEL, 한자능력검정시험(한국어문회, 대한검정회, 한자교육진흥회 주관)

위 조건에 해당한다면 마더텅 초등 교재로 공부하면서 느낀 점과 공부 방법, 학업 성취, 성적 변화 등에 관한 자신만의 수기를 작성해서 마더텅으로 보내 주세요. 우수한 글을 보내 주신 분들께 수기 공모 장학금을 드립니다!

응모 대상 마더텅 초등 교재들로 공부한 초1~초6

뿌리깊은 초등국어 독해력, 뿌리깊은 초등국어 독해력 어휘편, 뿌리깊은 초등국어 독해력 한국사, 뿌리깊은 초등국어 한자, 초등영문법 3800제, 초등영문법 777, 초등교과서 영단어 2400, 초등영어 받아쓰기·듣기 10회 모의고사, 비주얼파닉스 Visual Phonics, 중학영문법 3800제 스타터 및 기타 마더텅 초등 교재 중 1권 이상으로 신청 가능

응모 방법

① 마더텅 홈페이지 이벤트 게시판에 접속
② [2025 마더텅 초등학교 장학생 선발] 클릭 후 [2025 마더텅 초등학교 장학생 지원서 양식]을 다운
③ [2025 마더텅 초등학교 장학생 지원서 양식] 작성 후 메일(mothert.marketing@gmail.com)로 발송

접수 기한 2025년 7월 31일   수상자 발표일 2025년 8월 12일   장학금 수여일 2025년 9월 10일

뿌리깊은 초등국어 독해력 나무 기르기

*하루 공부를 마칠 때마다 붙임딱지를 붙여서 독해력 나무를 길러보세요!

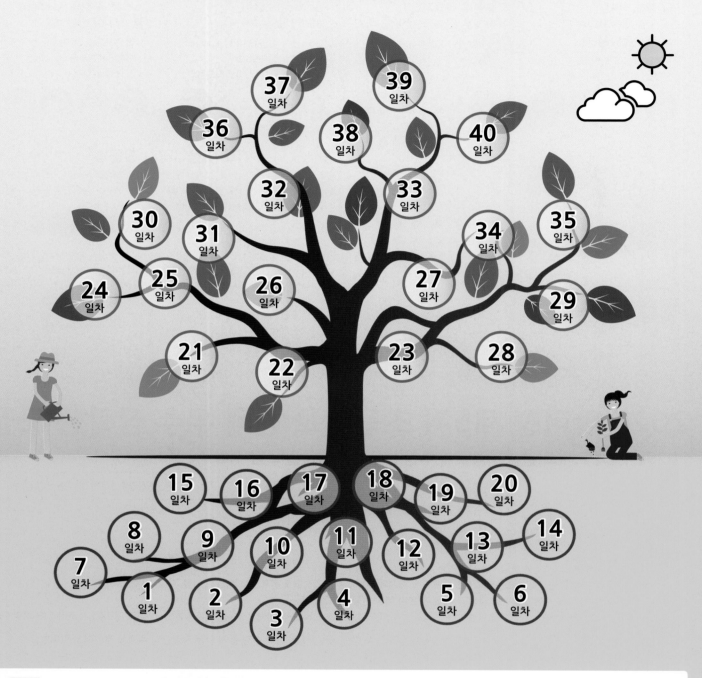

이름		공부 시작한 날	년	월	일	공부 끝난 날	년	월	일

● 가장 좋았던 글은 무엇이었나요?　제목

이유

독해력 나무 기르기 완성하고, 선물 받으세요!

 책을 다 풀고, SNS 또는 커뮤니티에 완성한 독해력 나무 사진을 업로드

 좌측 QR코드를 스캔하여 작성한 게시물의 URL 인증

참여자 전원 증정!
네이버페이 포인트 1천 원 ＋ B 북포인트 2천 점